SOLEIL 006

戎光祥選書ソレイユ006

戦国武士の履歴書

「戦功覚書」の世界

竹井英文
takei hidefumi

戎光祥出版

はしがき

相変わらず、戦国時代に興味関心がある人は多い。筆者が勤務している大学でも、オープンキャンパスなどで高校生と話すと、決まって戦国時代好きの生徒さんがやってくる。その多くは、「刀剣乱舞」や「戦国ＢＡＳＡＲＡ」「ＦＧＯ」などのゲーム・アニメで興味を持った人で、王道（？）の歴史小説や大河ドラマ、「信長の野望」からという人は、残念ながらほとんどおらず、時代の流れを感じさせる。それはいいとして、では戦国時代の何に関心があるかというと、やはり特定の戦国武将である場合が多い。なかでも、宮城県内の大学ということもあり、生徒・学生さんの一番人気は、やはり伊達《だて》政宗《まさむね》である。

宮城県、そして仙台は、とにかくなんでも伊達政宗である。地下鉄をつくれば政宗の兜のデザインを採用し、新種のお米をつくれば「だて正夢」と名付け、街を歩けば、テレビを付ければ、「伊達」や「政宗」が付いたもので溢れている。ずんだ餅や仙台味噌、すずめ踊りなどの名物や行事についても、当然のように政宗の時代が起源と説明される（実際は違うようである）。おまけに、武将隊の政宗もアニメの政宗も、常にイケメンである。

東京から来た「よそ者」として、このような光景は、時に異常にも思える。もっと仙台、宮城県にも、魅力的な歴史文化がたくさんあるのに、そうしたものが注目されることはほとんどなく、すべて伊達政宗にもっていかれてしまう。もちろん、伊達政宗も大事なのだが、仙台が真に発展するためには、こうした「伊達政宗の呪縛」から解放されることが必要なのではないのかしら、などとふと思うことがある。

では、伊達政宗に興味がある生徒・学生さんが、政宗の家臣のことを知っているのかというと、これまた驚くほど知らない人が多い。さすがに片倉小十郎《かたくらこじゅうろう》はよく出てくるが、伊達成実《しげざね》は若干怪しく、それ以外はほとんど出てこない。なんでもかんでも政宗が一人で動かしているわけではないのに、政宗以外にあまり目が向かないのである。まさに、「政宗一強」の状態である。典型的な英雄史観が、繰り返し再生産されているといわざるをえない。

だが、歴史を動かしたのは、当たり前だが政宗のような大名家のトップだけではない。戦国大名を語るには、家臣団をはじめ、領国内外のさまざまな人々や集団との関係を見ずしてはできまい。そのなかで、本書で注目したいのが、いわゆる「渡り歩く武士」である。

特定の主人を持たず、己の実力でもってさまざまな大名家を渡り歩いていた彼らのような存在は、史料上にこそあまり登場しないものの、当時としてはごくありふれた存在だったようである。誤解を恐れずに表現すれば、一種の非常勤・契約社員のような立場といえようか。大名の正規の家臣ともいえず、かといって単なる雑兵でもない彼らについての研究自体は、それなりに蓄積はあるものの、これまで大きくスポットを浴びることはなかったのではないだろうか。それこそ、一般にはまだまだ知られてないのが現状だろう。だが、彼らのような人々こそ、実は戦国時代の戦争を根底から支えていたと言っても過言ではないのである。

そんな彼らは、近世を迎えて次第に戦争がなくなっていく過程で、残念ながら仕官がかなわず、浪人のまま人生を終える場合も多かった。しかし、一方で藩士として家臣化し、各藩の初期藩政を支える重要な存在になっていったものたちもまた多かったのである。自分で言うのもなんだが、本シリーズ「戎光祥選書ソレイユ」のコンセプトに、まさにピッタリと当てはまる人々だと思う。

そこで本書では、激動の時代をたくましく生き抜いた、とある無名の武士の一生について、自身の戦功を中心とした履歴を書き立てた覚書《おぼえがき》を中心に叙述していきたい。正真正銘の名もなき武士であり、戦国時代当時の史料にもほとんど登場しないが、その足跡は近世初期になるとようやく見えてくる。まだまだ謎に満ちた人物であるが、たしかにこの世に存在した人物であった。そんな彼にとって、戦国時代・中近世移行期という時代は、どのようなものであったのだろうか。時の主人や同僚の家臣たち、同じような「渡り歩く武士」たち、そして家族とどのように向き合い、一つの時代を生き抜いていったのだろうか。

そろそろ、その一生を探る旅に出ることにしよう。

二〇一九年八月

竹井英文

目次

はしがき 1

序章　戦場を彩った無名の武士たち……10
1．魅力あふれる「戦功覚書」の世界 10
主人を替え、渡り歩く武士たち／「戦功覚書」とは何か
2．里見吉政とは何者か 17
里見吉政の略歴／吉政の子孫たち／「吉政覚書」執筆の動機

第一章　吉政、下野国小山に現る！……28
1．小山木沢の戦いでの失敗談 28
下野国小山をめぐる北条氏と反北条勢力との激闘／吉政、大失態を犯す／戦国期の小山と木沢口／選抜して臨時編成される騎馬隊／軍令違反は厳罰
2．小山土塔塚での大活躍 40
戦功を横取りされる／石原主膳との出会い／戦国武士の旗指物

第二章　戦国武士たちの人間模様……47
1. 罪人大田十左衛門との格闘　47
寝室で敵を裸で食い止める／狩野主膳と彦根藩筆頭家老木俣氏／「境目」としての小山
2. 尾張牢人荻谷氏との旗指物相論　51
武士にとって大事な旗指物／被ってしまった旗指物のデザイン／活躍する牢人たち

第三章　「棟梁」としての誇り……58
1. 上野国後閑橋をめぐる合戦　58
甲相同盟の破綻と東国社会／武士としての当然の働き／後閑橋合戦を復元する／富永勘解由左衛門の活躍／防御施設としての「しほり」
2. 武田氏滅亡と上野国　67
織田信長の東国進出と武田氏滅亡／男としての働き／武田氏滅亡と上野国安中領／吉政と岡本半介・喜庵

第四章　滝川一益と神流川の戦い……75
1. 沼田城の引き渡しで活躍　75
本能寺の変と東国／武将間を取り持つ使いとしての活躍／上野国沼田と藤田信吉／沼田城の帰属をめぐる新情報

2. 復元が始まった神流川の戦い　82
北条・滝川が激突した神流川の戦い／滝川一益の側で使者や物見を務める／神流川の戦いを復元する

第五章　信長の「惣無事」崩壊と東国情勢……88
1. 東国を揺るがす天正壬午の乱　88
天正壬午の乱とは／北条軍、川中島へ出陣／見直しが進む北信濃情勢
2. 金山城攻めでの死骸の引っ張り合い　94
天正壬午の乱後の東国／金山城攻めが行われたのはいつか／新田金山城の構造／死骸や負傷者を引っ張り合う武士たち

第六章　初めて関東を離れた九州従軍……105
1. 豊臣軍の一員として　105
吉政、関東を離れる／九州出兵へ至る政治過程／吉政が記した九州出兵の行程
2. 九州出兵の実態をめぐって　111
豊臣軍による「名城」岩石城攻め／秀吉は九州のどこまで行ったのか

第七章　難攻不落の忍城攻め……121
1. 関東に戻ってきた吉政　121
小田原合戦の勃発／忍城攻めの経験談
2. 忍城攻めの実態を探る　127
史料にみる忍城攻め／吉政の攻撃ルートを考える

第八章　井伊直政との運命的な出会い……134
1. 九戸政実の乱で東北へ　134
井伊直政の箕輪入部と上野武士／奥羽仕置と九戸政実の乱／豊臣軍による九戸城包囲／九戸城の戦いを復元する／宇津木泰繁の軍令違反
2. 関ヶ原の戦いでの活躍　145
関ヶ原の戦いと井伊家／吉政、関ヶ原の戦いに臨む／謎が多い関ヶ原での行動

第九章　彦根藩の重臣となる……151
1. 藩士として出世する　151
吉政、彦根へ移る／井伊家の家中騒動に巻き込まれる／一〇〇〇石の重臣となる／里見家はどこに屋敷を構えたか／井伊直継の安中行きに従う／多賀大社の慈性との交流／松平忠直の改易と彦根藩

2. 晩年の動向と吉政の想い　165
謎に包まれた死／覚書で何を伝えたかったのか／全国に奉納した六十六部廻国納経／そして「吉政覚書」は残った

終章　名もなき武士が残したもの……175
人生は夢だらけ／「吉政覚書」の信憑性／残された「吉政覚書」の謎

主要参考文献　182／あとがき　188／付録　里見吉政関係史料　191

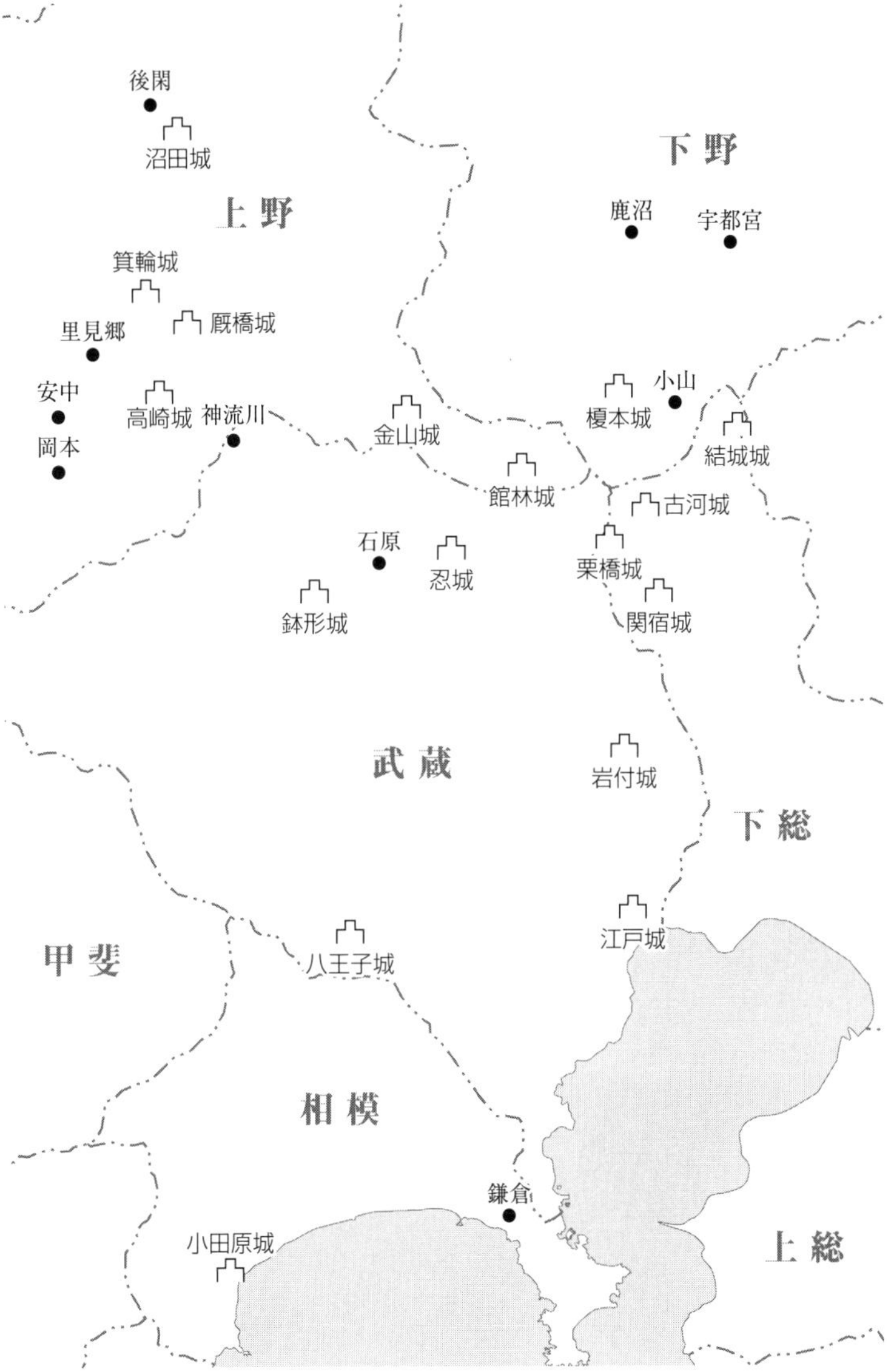
後閑
沼田城
上野
箕輪城
厩橋城
里見郷
安中
高崎城
神流川
岡本
下野
鹿沼
宇都宮
小山
榎本城
結城城
金山城
館林城
古河城
石原
忍城
栗橋城
鉢形城
関宿城
武蔵
岩付城
下総
甲斐
八王子城
江戸城
相模
鎌倉
小田原城
上総

本書関連地図（関東地域）

序章　戦場を彩った無名の武士たち

1.　魅力あふれる「戦功覚書」の世界

主人を替え、渡り歩く武士たち

　武士たるものは、一生一人の主人に忠実に奉公し続けるものだ。主人に逆らうなどもってのほか、主人の家から去ることは死を意味するに等しい。日本人がもつ武士のイメージのなかには、このようなものがあるのではないだろうか。しかし、実はそうしたイメージは、江戸時代以降に登場した「仁《じん》」や「義《ぎ》」を重んじる封建道徳《ほうけんどうとく》によって作り出されたものであることは、もうだいぶ前から知られている。よって、それを本書で扱う戦国時代の武士にそのまま当てはめてしまうと、大きな過ちを犯すことになる。

　一人の主人に尽くすというイメージの一方で、武士に関することわざのなかに、「武士は渡りもの」というものがある。武士は主人をたびたび替えて渡り歩くものだ、という意味である。こうした観念は、すでに鎌倉時代には登場していることが知られ、戦国時代の武士にとっては当たり前のことであった。彼ら「渡り歩く武士」は、武芸の修業を重ねつつ、己の実力を頼りにより良い仕官先を探し続けていた。そのため、一度仕えた主人からいとも簡単に離れることもしばしばであった。それは決して非難されるべきものではなく、世間的にも認められていた、ごくありふれた行為であった。

戦国時代は、俗に「渡り奉公人の花時」といわれる。武士たちの流動性は非常に高く、お互い切磋琢磨してたくましく生きていた。戦国大名も、彼らのような存在なくしては成り立たなかった。彼らのような存在を視野に入れずに、戦国時代を理解することはできないとさえいえよう。

では、「渡り歩く武士」とは、具体的にどのような武士のことをいうのか。これまでの研究でも、決して多いとはいえないが「渡り歩く武士」は注目され、一定の研究蓄積が存在する。

しばしば取り上げられる代表的な武士としては、渡辺勘兵衛了《わたなべかんべえさとる》が挙げられる。勘兵衛は、十六歳で初陣《ういじん》を迎え、豊臣秀吉《とよとみひでよし》やその養子の秀勝《ひでかつ》、秀吉家臣の中村一氏《なかむらかずうじ》に仕え、天正十一年（一五八三）の賤ケ岳《しずがたけ》の戦いや、同十八年の小田原《おだわら》合戦などで活躍している。その後、豊臣政権《せいけん》の五奉行《ごぶぎょう》の一人である増田長盛《ましたながもり》に仕え、関ケ原《せきがはら》の戦いでは大和国《やまと》郡山《こおりやま》城（奈良県大和郡山市）を守っていた。戦後は藤堂高虎《とうどうたかとら》に仕え、大坂《おおさか》の陣《じん》に臨んだが、軍令違反を犯して藤堂家を出奔《しゅっぽん》し、以後は牢人《ろうにん》となって仕官が叶わないまま生涯を終えている。

近年研究が進んだ津田重久《つだしげひさ》も、「渡り歩く武士」の典型例である。山城国伏見《ふしみ》（京都市伏見区）出身で、三好《みよし》氏・細川《ほそかわ》氏・足利義昭《あしかがよしあき》・明智光秀《あけちみつひで》・豊臣秀次《ひでつぐ》などに仕えて活躍し、その活躍ぶりから伊達政宗《だてまさむね》や細川幽斎《ゆうさい》、福島正則《ふくしままさのり》らが仕官するよう求めてきたという。その後は前田利長《まえだとしなが》に仕えて大聖寺《だいしょうじ》城（石川県加賀市）代を務めるなど、加賀藩《かがはん》の重臣となった人物である。

藤田達生氏が詳細に検討した、真鍋貞成《まなべさだなり》も紹介しておこう。真鍋氏は、もともとは備中国小田《おだ》郡真鍋島（岡山県笠岡市）を苗字の地とし、細川氏さらに三好氏の被官となり、和泉国へ移った。貞成の父貞友《さだとも》は、天正四年五月に織田信長《おだのぶなが》に従属し、貞成も引き続き信長に仕えたが、信長の死後は秀吉に仕え、天正十三年の和泉・紀伊両国制圧後は中村一氏に属している。ところが、その後すぐに蜂須賀《はちすか》家政《いえまさ》・小早川秀秋《こばやかわひであき》・戸田勝隆《とだかつたか》と主君を替え、転々とするようになり、文禄四年に三二〇〇石で再び秀吉の直臣となった。関ヶ原の戦い後は、四〇〇〇石で福島正則に仕えたが、元和五年（一六一九）に福島氏が改易《かいえき》になると徳川頼宣《とくがわよりのぶ》に仕え、四〇〇〇石で和歌山藩の重臣となった。以後、貞成は和歌山藩士であり続け、やがて隠居して真入斎《しんにゅうさい》と号し、明暦二年（一六五六）十月に死去している。

どうして彼らはこのような行動を取ったのだろうか。さまざまな動機があるだろうが、基本的には名利《みょうり》、すなわち名誉や評判と実際に働くことによって得られる利得への渇望があったからだといわれている。立場としては、いわば期限付きの非正規雇用のようなものでありながら、実力次第では大きな名利を得ることができたのが、戦国時代であった。戦国時代の列島各地で繰り広げられた大規模な合戦は、彼らにとって絶好の仕事場であったのである。

「戦功覚書」とは何か

「渡り歩く武士」として、渡辺勘兵衛・津田重久・真鍋貞成を挙げたが、彼らは決して一般的に有名な武士ではない。では、なぜここまでその履歴が詳しく判明しているのだろうか。それは、彼らが「渡辺《わたなべ》水庵《すいあん》覚書《おぼえがき》」や「首数《くびかず》之《の》覚《おぼえ》」「真鍋《まなべ》真入《しんにゅう》公《こう》有増《ありまし》御一生《ごいっしょう》之《の》書付《かきつけ》」という史料を残してくれたからなのである。「覚書」、すなわち備忘録のようなもので、そこに彼らの戦歴・戦功が詳細に記されている。こうした武士の戦歴・戦功を記した覚書を、一般に「戦功《せんこう》覚書《おぼえがき》」という。いわば「武士の履歴書」ともいうべきものであり、武士の自分史、社会学的にいえばライフヒストリーや「自己語り」に関する史料ともいえる。

一口に「戦功覚書」といっても、その形式・内容・種類はさまざまだが、実際に戦国時代の戦場で活躍した武士の戦歴・戦功を本人（あるいは子孫）が箇条書き形式で綴ったものということができる。このうち、戦功を挙げた武士本人が記した「戦功覚書」は、主に彼らの晩年である慶長から寛永年間にかけて記されたものが多い。この時期は、「戦功覚書」の花時なのである。

こうした「戦功覚書」を含めた近世成立の「覚書」や「聞書《ききがき》」については、高柳光寿氏や桑田忠親氏による先駆的な研究がある。高柳氏は、近世初期に軍記物《ぐんきもの》や物語類などのもととなった生の史料＝「覚書」が数多く生み出されたことに注目し、それが「近世初期に於ける一特色」であるとした。そして、

「この覚書の類は勿論史学書ではないが、而も物語の類よりも史料的価値は遥に上位にあるものである」と評価したうえで、「覚書」をいくつかの種類に分類している。

それを整理した金子拓氏の研究によれば、①自分の備忘のため、②自己の体験を記したもの、目で見たことを記したもの、耳で聞いたことを記したもの、③他人の体験を記したもの、④他人の書き記したものを書き留めたもの、⑤自己の体験と祖先の体験が織り交ぜられているもの、⑥子孫のために残したもの、⑦主人のために書いたもの、⑧子孫のためでも主人のためでもなく他人の求めに応じて書いたもの、⑨純然たる第三者として事件の渦中にあり重要なる地位にあってつくったもの、⑩子孫が父祖の戦功を記したもの＝「書上」、⑪他人の話を書き留めたもの＝「聞書」、となる。もちろん、金子氏も指摘するように、実際には厳密に分類できるものではなく、いくつかの範疇にまたがって含まれるものも数多い。

一方の桑田氏は、「覚書と聞書とは、共に、近世初期に夥しく発生した記録である」とし、「覚書は、自己が直接に体験し或いは実見した事柄を自から筆記したもので、一に、自己の備忘を目的としたかの如くに見えて、実は、恩賞もしくは子孫の後栄を予想して、自己の功績を録したものが多い」「聞書は、その切実さにおいて、むしろ、第二次的かもしれないが、覚書・書上などと、どこまでも不即不離の関係をもつものである。聞書とは、他人の談話を聞き、これを書き留めたものをいう」としている。そのうえで、覚書を①「書上式覚書」、②「置文《おきぶみ》式覚書」、③「留書《とめがき》式覚書」、④「聞書式覚書」

の四種に大別している。そして、覚書は「在来の一等級の記録の缺を補い、史実に対して生々しい実感を添えるものであろう」と評価している。

このように、高柳氏・桑田氏ともに、近世初期成立の「覚書」の史料的価値を高く評価していることがわかる。そうしたさまざまな「覚書」のなかでも、武士の戦歴・戦功を記した「戦功覚書」は、著名な武士のみならず、戦国期当時の史料に表れない武士たちの存在とその活躍ぶりがわかる点や、合戦・城攻めの実態がわかる点、武士たちのその後の人生をうかがうことができる点などで、戦国史研究、ひいては中近世移行期研究にとって極めて貴重な史料であるといえる。さらに、そうした視点のみならず、近年の金子拓氏の研究のように、人々の記憶がどのように記録され、歴史となるのかという問題を考える材料としても注目されつつある。

さまざまな可能性をもつ「戦功覚書」だが、本書では戦国時代に生きた武士本人が記した「戦功覚書」にとくに注目したい。それは、子孫や他人が記したものとは異なり、自身の経験・記憶を直接記しているという点、その内容を保証する証人の存在が記載されていることが多い点で、より信憑性が高いといえるだろう。そうはいっても、あくまで近世初期に記されたものであることには変わりない。いくら本人でも、記憶違いによる誤りもあるだろうし、なかったことをあったかのように記してしまう可能性は十分ある。そのため、史料批判をすることはもちろん大切である。しかし、史料批判をきちんとしつつ、史料としての限界を認識したうえで、積極的に活用することが望まれる史料であるこ

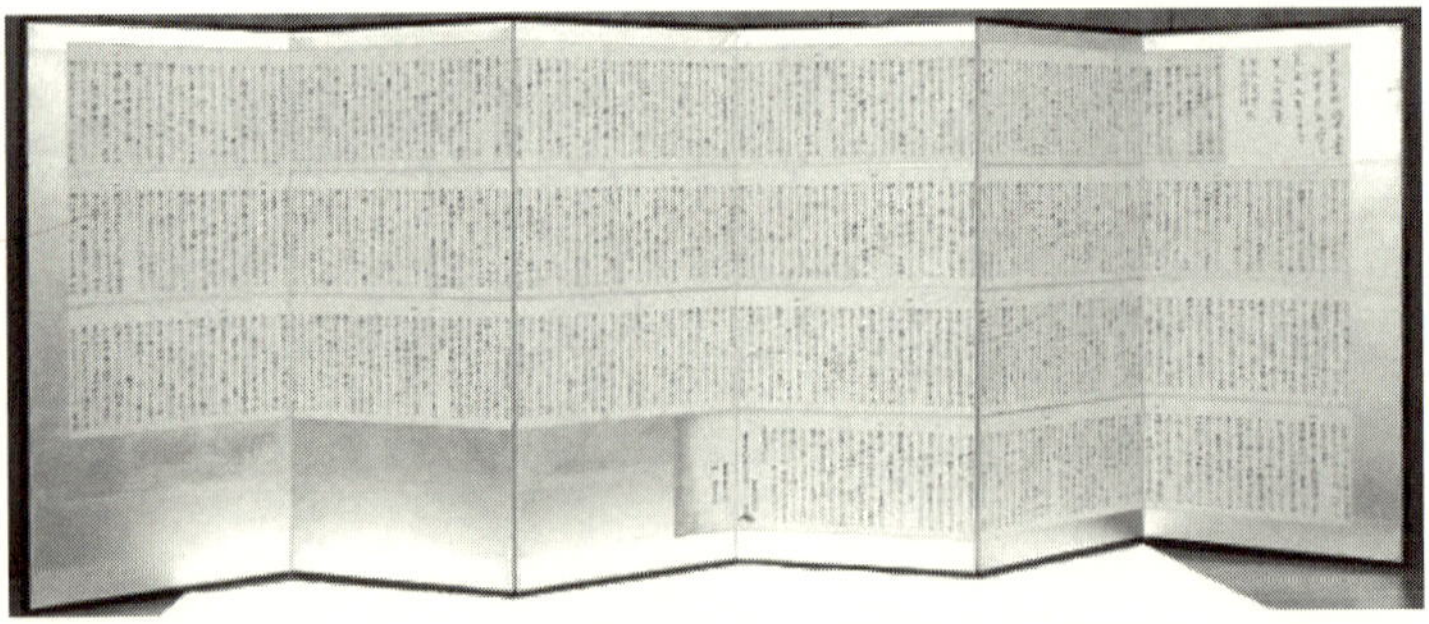

「里見吉政戦功覚書」全体　館山市立博物館蔵　画像提供：中嶋講二氏

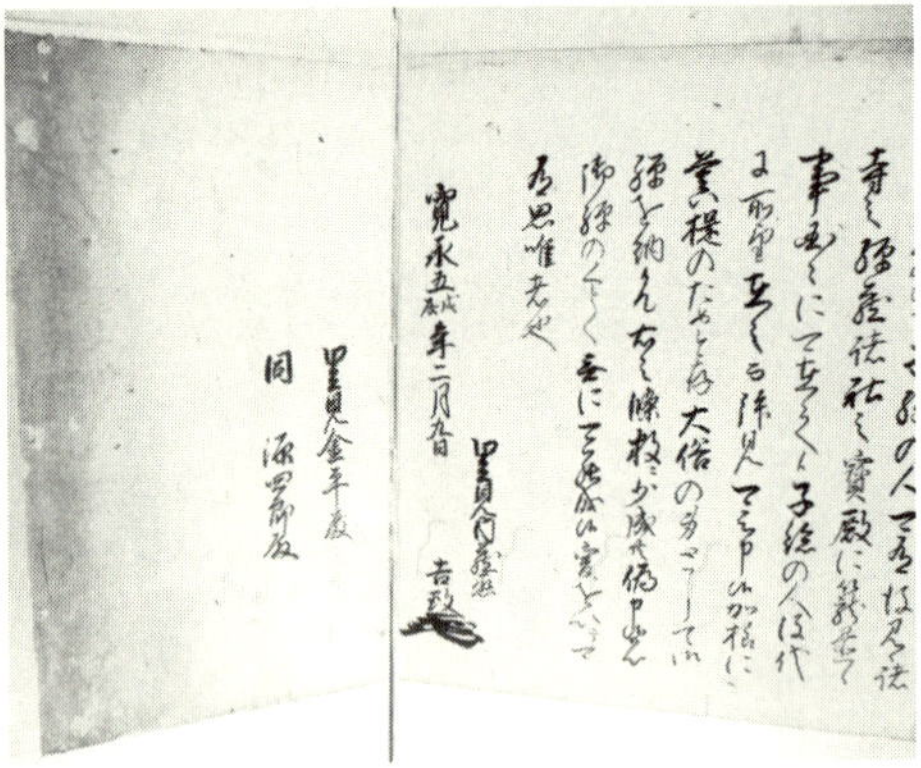

「里見吉政戦功覚書」の末尾部分　館山市立博物館蔵

とは間違いないだろう。これだけ実際の戦場を生々しく記している史料や一武士の人生を詳細に語ってくれる史料は、そうはないからである。

そのため、これまでも各種史料集で「戦功覚書」は紹介されてきた。だが、その成立年代が近世であるためか、未収録・未紹介の「戦功覚書」も実に多い。また、あくまで近世史料であるため、中世史研究の史料として調査研究されることはあまりなく、その活用も十分なされてこなかったといえる状況である。これに対して、近年「戦功覚書」の史料紹介や個別研究が徐々に進展しつつあることは注目される。

本書も、そうした流れをうけて、とある無名の武士の「戦功覚書」

を取り上げて、彼の一生に迫ってみたいと思う。

彼の名は、里見吉政《さとみよしまさ》。これまでの研究ではまったくといっていいほど知られていない、まさに名もなき武士である。だが、彼が寛永五年（一六二八）に記した「戦功覚書」（館山市立博物館所蔵「里見吉政戦功覚書」。所蔵先の登録名は「里見内蔵丞《くらのじょう》吉政由緒書」。以下、「吉政覚書」と略す。全文は本書付録を参照）は、単に戦功を記しただけのものではなく、彼の誇りと苦悩に満ちた人生を雄弁に語ってくれている。名もなき一武士の視線から、中世から近世へと変わりゆく時代を見つめる作業に入っていこう。

2．里見吉政とは何者か

里見吉政の略歴

本書の主人公・里見吉政とは、いったい何者なのだろうか。もちろん、本書はそれについて詳しく述べるものであるが、その前にある程度の前提知識が必要だろう。そこで、吉政の簡単な経歴を先に述べておきたい。

これまで吉政は、江戸初期成立とされる軍記物『管窺武鑑《かんきぶかん》』に登場することが知られていた。それによると、彼は上野国里見郷（群馬県高崎市〈旧榛名町〉上里見・中里見・下里見）出身の武士だという。いつの頃か、関東から一年間牢人した後、同じ上野の武士という夏目舎人《なつめとねり》を頼り上杉景勝《うえすぎかげかつ》の家臣・藤田信吉《ふじたのぶよし》の配下になった。天正十八年（一五九〇）の小田原合戦時、吉政は旧領回復を景勝に願い出たところ、景勝は浅野長吉《あさのながよし》にその旨を伝え、さらに長吉が徳川家康《いえやす》に伝えたことにより、家康から里見郷を宛行われた。その後、井伊直政《いいなおまさ》が高崎を拝領したときに吉政は家康から直政に預けられ、関ヶ原の戦いで活躍して佐和山《さわやま》（滋賀県彦根市）へ移住したとされている。慶長七年（一六〇二）、狼藉事件を起こした夏目舎人が里見郷の吉政のもとを訪れ隠れたともいう。そのほか、江戸時代や近代の編纂物にも吉政に関する記述があるが、『管窺武鑑』とほぼ同内容となっている。

これらはあくまで後世の軍記物・編纂物による情報であり、内容の信憑性も含めて不明瞭な部分が多かった。だが、本書で扱う「吉政覚書」および諸関係史料からは、さまざまな大名に仕えながら数々の合戦に参加し、最終的には彦根藩井伊家の重臣になった彼の人生が浮かび上がってくるのである。

彦根藩関係の史料は豊富に残されているが、彦根藩士の由緒書《ゆいしょがき》を編纂したものとして著名な『侍中由緒帳《さむらいじゅうゆいしょちょう》』をはじめ、『貞享異譜《じょうきょういふ》』『彦根・江戸跡絶帳《とだえちょう》』『彦根藩士系図』など藩士の家に関する情報が記されている史料も多い。このなかで、吉政に関する記述としては、『彦根・江戸跡絶帳　弐』に写しが掲載されている、元禄十年（一六九七）に三代目武右衛門《ぶえもん》（吉政の孫）によって藩に提出された由緒書の内容が一番正確である。これら編纂物も駆使しつつ、吉政以降の里見家の歴史を一足先に簡単に紹介してみたい。なお、本書において里見家や彦根藩士に関して叙述する際の典拠史料は、基本的には上記のものであることを先に断っておきたい。

吉政が上野国里見郷出身であること自体は間違いない（『貞享異譜』では吉政の生国を安房としているが誤りである）。「吉政覚書」にも、「本国里見」とはっきり記されている。里見郷は、新田《にった》義重《よししげ》の庶長子・里見義俊《よしとし》が館を構えたところとされ、里見氏発祥の地として有名である。房総の戦国大名として有名な里見氏も、この上野里見氏が出自である。

郷見神社から見た里見郷の現況　群馬県高崎市

中里見にある天台宗光明寺《てんだいしゅうこうみょうじ》は里見氏の菩提寺《ぼだいじ》で、中世の石造物が残されており、江戸時代も地域の有力寺院であった。その光明寺の東隣に、里見館という方形の城館があり、現在も土塁の一部が残存している。地元では〝堀《ほり》の内《うち》〟と呼ばれているという。あるいは、ここが吉政の屋敷だったのかもしれない。里見郷には、ほかにも里見城や雉郷城《きじごう》など、いくつかの中世城館が存在しており、いずれも里見氏との関係が伝えられている。おそらく、吉政もこれらの城館や光明寺と深い関係にあったものと思われるが、詳細は不明である。

里見家がどのような家だったのかというと、もともとは上野国箕輪《みのわ》（群馬県高崎市）を本拠とする国衆《くにしゅう》・長野《ながの》氏の被官だった可能性が高い。箕輪の「長純寺《ちょうじゅんじ》文書」のなかに、弘治三年（一五五七）に記された長純寺再建の際の奉加帳《ほうがちょう》があるが、そのなかに「里見衆」が登場していることは注目される。里見地域の土豪《どごう》層のことを指すのだろうが、そのなかに吉政の家も含まれていたものと思われる。つまり、吉政は土豪・地侍《じざむらい》レベルの人物だということになる。ちなみに地誌《ちし》類では、永禄年間に里見河内守という人物が長野氏の家臣として里見城や雉郷城などと関わっていたとされるが、吉政との関係は不明である。

そんな吉政の具体的な動きがわかるようになるのは、「吉政覚書」に記されている天正五年（一五七七）の下野国小山《おやま》（栃木県小山市）をめぐる攻防戦からである。「吉政覚書」には、その時々の時点での年齢が記されており、天正五年段階で二十六歳であったというから、数え年ということを考えると、吉政は天文二十一年（一五五二）生まれということになる。そして、「吉政覚書」は寛永五年（一六二八）のものなので、七十七歳のときに記されたものだということも判明する。まさに、晩年に記されたということがわかるだろう。

吉政は、天正五年段階では北条氏照《ほうじょううじてる》に仕えていたが、その後、北条氏邦《うじくに》・滝川一益《たきがわかずます》・上野国衆安中《あんなか》氏を経て再び北条氏に仕えた後、一時期上方《かみがた》に牢人して秀吉の九州攻めに従軍したようである。天正十八年の小田原合戦のときには浅野長吉軍に加わり、再び関東に下るが、家康の関東入国後は井伊直政に仕え、そのまま井伊氏家臣として関ヶ原の戦い後、彦根へと移住している。最終的には一〇〇〇石の知行高《ちぎょうだか》を有する藩政初期の重臣として活躍した。そして寛永七年、吉政は三〇〇石を下され隠居し、同年に死去したという。

なお、吉政の通称および官途名《かんとな》については、初めは右衛門尉を名乗っており、天正十年～慶長五年の間に喜兵衛に、慶長九～十二年の間に内蔵丞《くらのじょう》を名乗っていることが確認できた。

以上が、吉政の人生の概略である。これまでの戦国史研究や彦根藩研究では、まったくといっていいほど取り上げられていない武士だが、彦根藩家老の木俣《きまた》氏や西郷《さいごう》氏、岡本《おかもと》氏らに次ぐ藩政初期の重臣の一人であることは明らかである。

吉政の子孫たち

「吉政覚書」は、里見金平と源四郎《げんしろう》に宛てたものである。この二人は、吉政の息子と思われる。そこで、次に吉政の子孫についても概観したい。

吉政には、長男の喜兵衛、二男の武右衛門、三男の弥次左衛門《やじさえもん》の三人の息子がいたことになっている。娘もいたのかもしれないが、記録には登場しない。

まず、長男の喜兵衛だが、元和六年（一六二〇）に井伊直孝《なおたか》の御小姓《ごこしょう》となったという。一般的に、小姓になるのは十代半ばから後半だろう。ということは、吉政は関ヶ原の戦い前後、五十歳前後で初めて長男喜兵衛を授かったことになる。寛永七年（一六三〇）の吉政没後には、吉政の知行一〇〇〇石のうち六〇〇石を下され、御取次役に就任した。しかし、まもなく「長病」にかかってしまい、しばらく養生をしたものの結局回復せず、ついに知行地を上表《じょうひょう》することを決意し、藩に認められた。実子もなかったので、喜兵衛家は断絶となってしまったが、直孝の「御憐憫《ごれんびん》」により喜兵衛には二十人扶持《ぶち》が下されたという。このような状況であったため、里見家の二代目は実質的には二男の武右衛門となり、史料によっては喜兵衛の存在を記さず、武右衛門を「総領《そうりょう》」、弥次左衛門を「二男」とするものも多い。

次に、二男の武右衛門は初めは「金平」と名乗り、諱《いみな》（実名）は義治《よしはる》という。兄喜兵衛と同じく元和六年に直孝の御小姓に召し出された。吉政の没後は、喜兵衛に与えられた六〇〇石を引いた四〇〇石が下され、名を武右衛門と改め、母衣《ほろ》役や取次役を勤めたという。

注目すべきは、武右衛門が初めに「金平」と名乗っていたという情報である。「吉政覚書」の宛所の一人である里見金平は、後の武右衛門だったということがこれで判明した。

最後に、三男の弥次左衛門である。彼は、吉政没後の寛永八年に御中小姓に召し出され、江戸で奉公をしていた。正保元年（一六四四）に新知《しんち》として二〇〇石が下され、寛文二年（一六六二）に没している。吉政没後に召し出されていることからして、どうも吉政が高齢のときに生まれ、二男武右衛門とは年齢がある程度離れていたと考えられる。

その後の里見家であるが、嫡流家の武右衛門家、別家となった弥次左衛門家、さらに弥次左衛門の二男七郎兵衛を元祖とする七郎兵衛家の、合わせて三つの里見家に分かれたことが確認できる。いずれの家も、たびたび養子を入れて繋いでいる。嫡流家である武右衛門家は、初代を吉政とすると、二代武右衛門、三代武右衛門、四代十右衛門と続いたが、五代九郎次が問題を起こして追放され、断絶してしまっている。七郎兵衛家も、初代七郎兵衛、二代善右衛門、三代武右衛門と続いたが、四代左吉が遁世《とんせい》したため、やはり断絶してしまった。

唯一存続したのが弥次左衛門家で、初代弥次左衛門、二代弥次左衛門、三代太次左衛門、四代門次、五代喜兵衛、六代十右衛門、七代三郎介、八代犀介《さいすけ》、九代内蔵允、十代甚之介と続き、十一代久之助が慶応二年（一八六六）に五〇石で家督を継承しているところまで追うことができた。結局、吉政の子孫として存続したのは、この弥次左衛門家だけだったのである。

以上が系図・由緒書などの編纂物から判明する子孫だが、次に吉政が存命中の史料から追ってみよう。まず、元和九年の松平忠直《まつだいらただなお》改易にともなう出陣計画に関する史料に、中野三季助組で二〇〇石

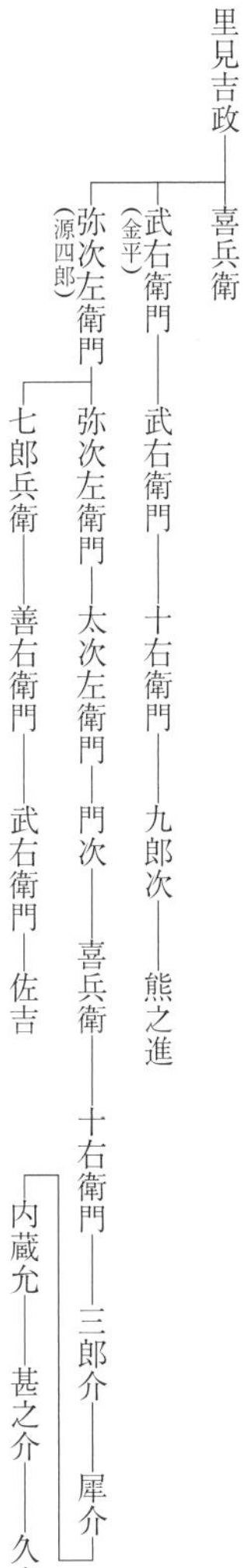

系図1　彦根藩士里見家系図「彦根藩士系図」などをもとに作成

として「里見平七郎　同金平」が見える。後者の金平は武右衛門だろう。元和六年に御小姓となっていることとも合致し、改めて実在の人物であったことがわかる。だが、注目すべきは里見平七郎である。彼は、同時期に記された天台僧慈性《じしょう》の日記である『慈性日記』元和五年正月十四日条にも「里見平七」として登場しており、やはり実在の人物であることが確実であるが、先述した系図・由緒書類などには登場しない人物である。

では、彼はいったい誰なのだろうか。筆者は、彼こそが長男喜兵衛なのではないかと考える。「里見平七郎　同金平」と記されていることから、金平の兄と考えるのが自然だろう。『慈性日記』には金平は登場せず、平七郎のみ登場することも傍証となろうか。つまり、長男喜兵衛は、初め平七郎を名乗り、後に喜兵衛を名乗ったということになる。おそらく、改名の時期は吉政没後に家督を継承したときではなかろうか。

さて、以上のことが正しいとすれば、「吉政覚書」のもう一人の宛所である里見源四郎も自ずと明らかになる。彼は、三男の弥次左衛門なのではないだろうか。弥次左衛門の初めの名乗りについては、系図・由緒書などには記されておらず不明だが、「吉政覚書」の宛所に「里見金平　同源四郎」と記されていることからも、金平の弟と考えてよさそうである。つまり、「吉政覚書」は二男武右衛門と三男弥次左衛門の二人に宛てた文書ということになる。

なぜ、長男喜兵衛は除外されているのかは不明だが、次期家督たる長男には常日頃伝えていたので不要だったのかもしれないし、二男以下の若い息子たちにこそ文書という形で伝えたかったのかもしれない。あるいは、喜兵衛が後に病気で知行を返上していることからして、もともと病弱で家督継承者として不安定な地位にいたためだろうか。喜兵衛に関する情報が少ないので、なんともいえないのが正直なところである。ちなみに、先ほど紹介した津田重久も、寛永六年に「首数之覚」という「戦功覚書」を残しているが、宛所は六男の津田半四郎《はんしろう》のみとなっている。これについて、先行研究では息子たち一人一人に宛てて書いていたのではないかと推測している。「吉政覚書」の場合も、喜兵衛に宛てた同内容の別の文書が存在していた可能性もあろう。

最後に、吉政没後の彦根藩関係の文書・記録類からさらに子孫を追ってみよう。筆者が確認できた範囲では、まず『慶安四年家並帳』のなかに、四〇〇石で里見武右衛門が、二〇〇石で里見弥次左衛門がみえる。彼らは武右衛門家の三代目、弥次左衛門家の二代目にあたるが、延宝六年（一六七八）に一度改易されてしまっている。家臣団が困窮を藩主に訴えるという事件が起きたのだが、それに参加していたのである。彦根藩は、これを徒党《ととう》とみなしたので、七十六名を一斉に改易したのだが、それにこの二人も含まれていた。里見家にとっては御家断絶の危機であったが、幸いにも元禄十年（一六九七）に帰参が許され、家は存続することになった。帰参するまでの間に両人とも落髪しており、とくに弥次左衛門は医師になっていたという（「彦根市立図書館所蔵文書」）。

文化九年（一八一二）の『御家中家並帳』には里見八十八（弥次左衛門家七代三郎介）が、同十・十一年の『御家中家並帳』には里見十右衛門（八十八と同一人物。この間に改名か）が、文政十一年（一八二八）の分限帳《ぶげんちょう》には七〇石で里見犀介（弥次左衛門家八代）がみえる。犀介は、同十二年の『小前帳』により、近江国犬上郡《いぬかみ》敏満寺村《びんまんじ》（滋賀県多賀町）内・坂田郡《さかた》八幡中山村（滋賀県長浜市）内で七〇石が与えられていたことがわかっている。この犀介が、後に紹介する吉政宛ての井伊直継《なおつぐ》知行宛行状などを「里見家文書」（本書付録【史料1〜3】）として所蔵していたことが、「井伊家文書」に残された写しの注書から判明している。「惣領」である武右衛門家は途中で途絶えてしまっているので、弥次左衛門家に文書が継承されたのだろう。その後、安政三年（一八五六）の『家中家並帳』にも犀介は登場するようである。

以上が、吉政の子孫の概要である。里見家は、吉政のときは一〇〇〇石の重臣レベルだったが、その後徐々に知行高を減らし、中小家臣として幕末まで存続したことを改めて確認しておきたい。

「吉政覚書」執筆の動機

「吉政覚書」は、以下の文から始まる。

自分のことを自分で申し立てるのは如何なものかと思うが、第一に子孫のため、第二に若い頃諸国を修業したのに今ではその甲斐もなく面目ないものの、そのありましを記しておく。

自分で自分の人生を振り返って伝えることに対して、やや恥ずかしい気持ちがあるのだろうか。それでも、第一に子孫のためとあるように、自分の人生経験が少しでも子孫の役に立てばという想いで記したのだろう。第二にとして語られていることは、覚書を記す理由としてはややわかりにくいが、自分が若い頃に諸国を修業したにもかかわらず、今ではその甲斐もないような状況になってしまったと嘆いているようである。一〇〇〇石の重臣にまで上り詰めたにもかかわらず、どうしてこのようなことを述べているのかについては、本書の後半でも少しばかり触れたいが、単に自分の武勇伝を語りたいのではなく、失敗談も含めた教訓めいたものを子孫に伝えたいがために記したのだ、とでも言いたいようである。

吉政の人生とはどのようなものだったのだろうか。また、息子たちにいったい何を伝えたかったのだろうか。いよいよ「吉政覚書」の世界へ飛び込んでいきたい。

第一章　吉政、下野国小山に現る！

1．小山木沢の戦いでの失敗談

下野国小山をめぐる北条氏と反北条勢力との激闘

時は戦国末期の天正期、関東地方では北条《ほうじょう》・武田《たけだ》・上杉《うえすぎ》の三氏を軸として、なお大規模な戦争が続いている状態であった。そのようななか、天正二年（一五七四）に一つの画期が訪れた。北条氏による要衝・下総国関宿城《せきやどじょう》（千葉県野田市）の攻略である。関宿は、北条氏康《うじやす》をして「一国を取るに値する」と言わしめるほど水陸交通の要衝であると同時に、上杉謙信《けんしん》と反北条勢力の結節点となっていた重要な地であった。その関宿城が、ついに同年閏十一月十九日に開城し、北条氏が接収したのである。これにより、北条氏は下野国方面へ大規模な攻勢を仕掛けることができるようになった。翌天正三年六月二十二日には、北条氏照が下野国榎本城《えのもとじょう》（栃木県栃木市）を攻略し、下野国の重要拠点の一つである小山祇園城《ぎおんじょう》（同小山市）への攻撃を重ねて行うようになったのである。

小山祇園城は、鎌倉期以来続く名族小山氏の居城であり、当時の城主は小山秀綱《ひでつな》であった。秀綱は、佐竹《さたけ》氏らの援護を得ながら北条氏の猛攻をしばらく防いでいたものの、同年十二月下旬までに北条氏照により祇園城は攻略されてしまった。こうして、北条氏は小山・榎本領を手中にし、両領を氏照の管轄として、祇園城には重臣の大石照基《おおいしてるもと》、榎本城には同じく近藤綱秀《こんどうつなひで》を在城させることになった。そしてさらに、翌年二月には氏照自身が祇園城への入城を果たし、同城の大改修を開始したのである。この大改修は、五月十日までには終了したようである。

だが、これで小山をめぐる戦乱が止んだわけではなかった。むしろ、小山をめぐる攻防戦は激しさを増していったのである。とくに、それまで北条方であった結城晴朝《ゆうきはるとも》が、天正五年六月初旬までに再度佐竹方となったことが大きかった。これにより、結城氏や多賀谷《たがや》氏、佐竹氏ら反北条の領主たちが繰り返し小山の奪還を狙って攻め込むようになった。戦国期の小山は、まさに戦乱の巷だったのである。

そんな小山をめぐる攻防戦のなかで、ついに吉政は歴史上に姿を現す。「吉政覚書」の第二条から第六条までは小山での出来事に関する内容で、覚書全体の中でもっとも分量が多く、かつ具体的・詳細に記されている。それだけ、小山をめぐる攻防戦は吉政の人生にとって重要な局面であり、強烈に記憶に残るものであったのだろう。

さて、具体的な内容は第二条から始まるのだが、その前の第一条は導入文のような形となっている。第一条では、昔のことを申し立てるには及ばないのだけれども、自分の人生の元を申し立てないと、物事の筋道が通らないので記す、としている。そして、北条氏照が下総の古河《こが》城（茨城県古河市）・栗《くり》橋《はし》城（同五霞町）、さらには小山祇園城・榎本城を手中にしたこと、なかでも祇園城は敵の勢力圏と接する場所にあったと述べている。まさに、「境目《さかいめ》」としての小山の状況を端的に語っているのである。

そのような場所であった小山で、いったいどんな出来事があったのか。「吉政覚書」第三条に入っていこう。

吉政、大失態を犯す

話は天正五年（一五七七）五月五日、下総国の結城晴朝が両国（第四条との関係で常陸国と下野国か）の軍勢を引率して小山・榎本を攻撃したことから始まる。実はこの出来事は、これまでの研究ではまったく知られていないものなのである。そのため、早速「吉政覚書」の信憑性の問題が出てきてしまう。

先述のように、これまでの研究では同年六月初旬までに結城晴朝が反北条方となったとされている。それは、同年に比定される六月七日付けの上杉謙信書状に「晴朝・氏政手前引き切られ、当方へ無二入魂あるべき由に候」（「稲葉安次郎家文書」）と、同じく六月十二日付けの佐竹義重《よししげ》書状写に「然らば結城・当方和談、これにつき義重と同意あり、謙信へ晴朝無二申し談ぜらるべき由に候」（「吉川金治郎氏所蔵文書」）とあることによる。その日付からして、おそらく五月中には北条氏と「手切《てぎれ》」したことは間違いないだろう。問題はその時期がいつなのかだが、実はいまだに不明瞭なままだといえる。

ただ、天正六年の常陸国小川台《おがわだい》合戦について記した「小川岱状《おがわだいじょう》」という史料には、天正五年の「初夏」、すなわち四月の時点で晴朝は北条氏との「手切」を考え行動したと記されている。加えて、同じ四月に北条氏が下総国飯沼《いいぬま》城（茨城県坂東市）を築き、結城・常陸国方面進出の足掛かりにした事実が知られている。これらのことから、五月五日時点で両者がぶつかっていてもおかしくないといえる。あるいは、天正六年の誤りである可能性もある。同年五月初めに義重・晴朝が「小山」に向かっており（「大竹房右衛門氏所蔵文書」）、十五日には北条氏政が結城・山川を攻めているからである。残念ながら、現時点ではここまでしか明らかにできない。

それはともかく、結城軍はある程度攻撃をした後、退却をしたわけだが、そのときに晴朝は北条軍の追撃に対応するため、祇園城の北側に位置する木沢《きざわ》（栃木県小山市喜沢）という在所に太田道誉《おおたどうよ》・梶原政景《かじわらまさかげ》父子の軍勢を置いたという。しかも、ただ布陣したというのではなく、「郷人」（村人）に扮して「切所《せっしょ》」（後述）向かいに軍勢を置いたという。つまり、誰が「郷人」で誰が敵なのか、わかりづらい状況にしたということなのだろう。このような戦略が実際にあったことも興味深い。

さて、その状況を知った北条方は、軍勢を出して彼らを討とうという作戦を取ることになった。具体的にどのように攻撃をしかけるか、北条方の武将たちはいろいろと議論したが、その結果、「作戦はもっともだが、みな旗指物《はたさしもの》を置いており、敵・味方ともに人数が多く判別しにくいので、手柄次第に馬上から突き落として、（その首は取らずに）ぐずぐずせずに突き落としたものには目もくれないようにしよう」と決めたという。旗指物を置いていたというから、誰が味方で誰が敵なのか、よくわからない状況だったのだろう。そこで、北条方としては、とにかく手当たり次第に討ち取り、敵方を混乱させることに重点を置いた作戦をとったものと考えられる。

そして早速、北条軍は人馬を選抜し、現地に向けて精鋭の十三騎を出陣させた。だがその直後、武者大将から十二騎の衆へ一言伝えることがあるということで、吉政が伝令となって派遣されたという。この武者大将が何者なのか不明だが、十三騎のうちの一騎が現場を指揮する武者大将だったのだろうか。それはともかく、吉政は伝令としての役割のみ果たせばよかったものの、まだ若く、血気盛んで武功に焦ったのか、悪い欲が出てしまったようで、名を名乗らなかった敵方の者一人を馬上にて突き落とし、約束を破って馬から降りて首を取ってしまった。首は取らずに切り捨てて敵方を混乱させるというのが軍議で決められたことであったのにもかかわらず、である。つまり、明確な軍令違反を犯してしまったのである。ただ、吉政としては、立派な武功を挙げたと満足していたことだろう。

だが、このせいで事態は悪い方向へと向かっていく。討ち取った首をまだ馬に乗せないうちに、敵から無数の鑓で攻撃されてしまい、敵に勢いを付けさせてしまったのである。それでも吉政は、死人や馬などが重なり合う大混乱の状況のなかで首を取り、馬と死人の間をかき分けて引き返そうとしたところ、同じ北条方の武士である「おみ左右衛門」という人が負傷してしまった。そして、多くの敵が負傷した「おみ左右衛門」と吉政に対して次々と追撃してきたのである。負傷した「おみ左右衛門」

をこのまま見殺しにしては、自分の挙げた手柄をもってしてもどうにもならないと思い、吉政は馬を引き返して「おみ左右衛門」を連れて帰り、命からがら引き上げていったという。

こうした経験から、吉政は「子孫の者に伝えたい。少しも約束事を破ってはいけない。自分の身だけを立てようとすると命を失いかねない。私は敵味方両方で手柄を立てたと批判された」と記している。通常、こうした「戦功覚書」の類は、自分の誇らしい戦功・武功を書き立てるものである。だが、「吉政覚書」は初めから失敗談を記していることになる。これが、他の「戦功覚書」とは異なる面白いところである。

戦国期の小山と木沢口

第三条には、小山の木沢という在所が登場する。「吉政覚書」の内容を理解するには、戦国期小山の空間構造を押さえておく必要がある。そこで、小山城下町を詳細に考察した市村高男氏の研究に拠りつつ、その構造を確認しておこう。

中世の小山は、祇園城を中心に、南側に五〇〇mほどの間隔を空けて長福寺城《ちょうふくじ》と鷲城《わし》が、東側に神鳥谷曲輪《ひととのや》と呼ばれる館がある。この三城一館の存在する領域こそ、狭義の小山領の中枢部であり、祇園城の城下領域にあたる部分であった。この領域の西側には思川《おもいがわ》が流れており、三城ともに思川の台地上に位置していることに共通点がある。一方、東側には東国の一大幹線道路である奥大道《おくだいどう》が通っ

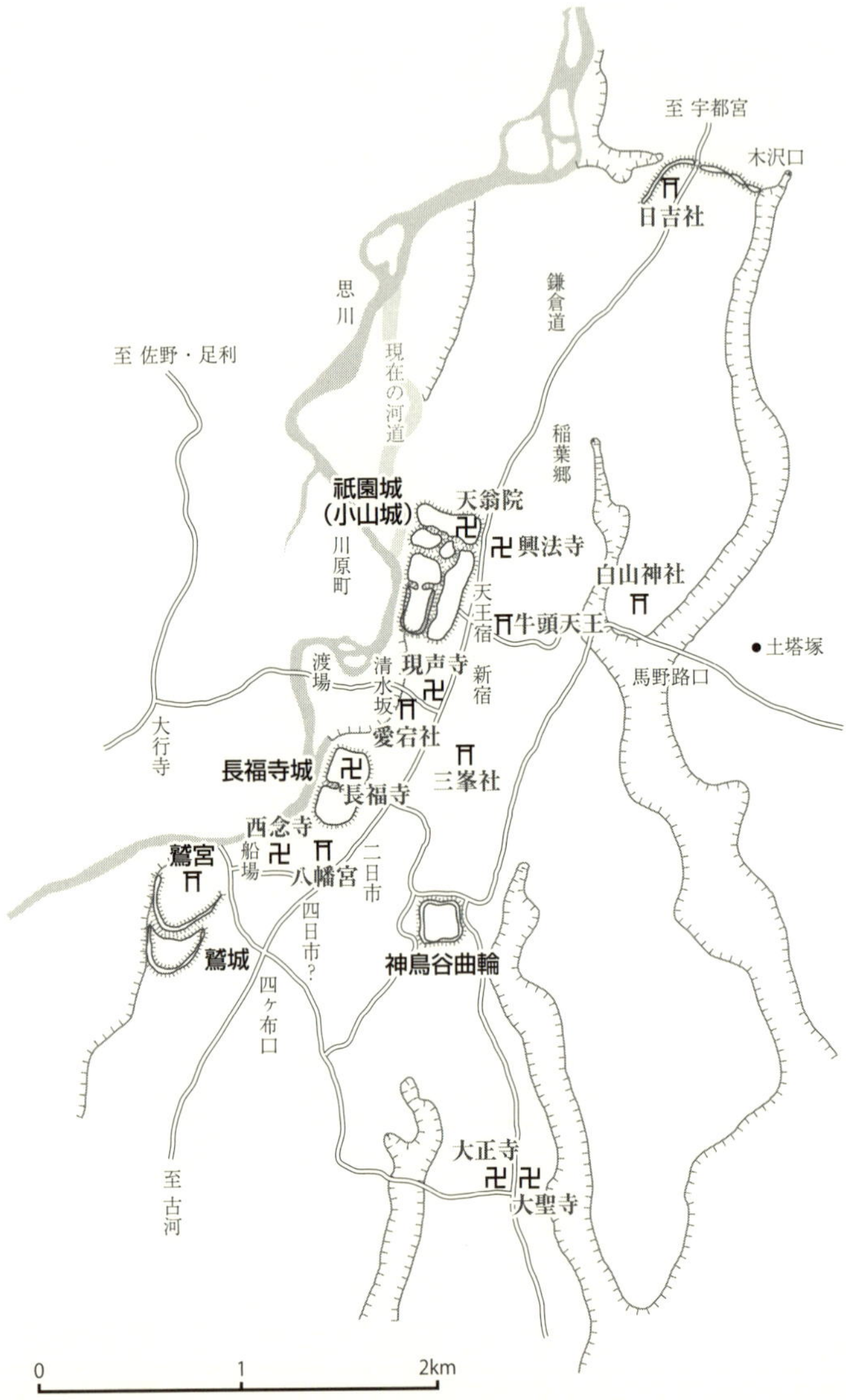

図１　戦国期小山城下図　市村高男「下野国小山城下町についての考察」同『戦国期東国の都市と権力』（思文閣出版、1994 年）掲載図をもとに作成

ており、周辺には城館のみならず、町場や寺社が存在していたことが諸史料から確認されている。

さて、小山の中心領域は、具体的には三つの「口」によって結ばれる範囲であった。史料に登場する名称で挙げると、「馬野路口」「四ヶ布口」「木沢口」の三つで、「馬野路口」は小山市稲葉郷で祇園城下の東の出入り口、「四ヶ布口」は正確な場所は不明だが、小山市外城付近で南側の出入り口、「木沢口」は小山市喜沢で北側の出入り口となっていた。今回登場した「木沢」は、まさにこの「木沢口」なのである。

木沢土塁　栃木県小山市

これら諸口は、城下とその外側を画する境界といえる場所であるため、しばしば合戦の舞台となっていた。よって、単なる出入り口として存在していたのではなく、簡単な砦のようなものが築かれていたようである。天正六年（一五七八）四月の北条氏照書状写によると、木沢には足軽《あしがる》が置かれていたことが確認できる（「佐野家蔵文書」）。足軽が置かれるということは、彼らが詰めるべき施設が当然存在したはずである。それが、「吉政覚書」で登場した「切所」だと思われる。「切所」とは、元来は峠や山道などの要害の地、難所のことを指すが、交通の要衝に設けた防御用の砦のことを指す言葉でもある。よって、この「切所」も木沢に築かれていた北条方の砦のことを指すのだろう。実際、現在も小山市喜沢の日枝神社裏には、木沢土塁と呼ばれる城郭遺構が残存している。小規模だが立派な土塁であり、文献史料の情報を裏付けるには十分な遺構である。

「吉政覚書」の内容から推測するに、おそらく太田・梶原軍は、木沢砦の向かい側に陣を置いたとみられる。木沢口の外は城下領域外であり、農村風景が広がっていたのだろうか。一般の村人たちが多くいて、旗指物を置いて、あるいは甲冑なども脱いでカムフラージュしていたということになるのだろう。

選抜して臨時編成される騎馬隊

第三条では、北条方が人馬を選抜して臨時的に騎馬隊を編成し出陣させている様子が描かれている。ここで、当時の騎馬隊・騎馬戦法について確認しておこう。

そもそも、騎馬武者を部隊編成した騎馬隊が戦国期に存在したのかという問題があるが、近年、戦国合戦の実態に関して研究した平山優氏などによると、口取《くちとり》など歩兵の存在が必須ではあるが、たしかに存在していたようである。ただ、それを従来通りの近代的な騎兵隊のようなイメージで理解してしまうことは危険である。

騎馬武者は、高い身分の者しかなれないと思われがちだが、従者一人を連れた身分の低い一騎合衆や仕村被官である軍役衆《ぐんやくしゅう》、忰者衆《かせものしゅう》も騎馬武者となっていたことがわかっている。ここから、騎馬武者の総数としては、むしろ彼らのほうが多かったことになる。

騎馬武者は、一般的に戦うときには下馬すると思われている。たしかに、下馬して戦うことも多かったが、決してそれだけではなく、乗馬のまま突撃して戦う事例も確認できることに注意したい。そうはいっても、たとえば武田氏の場合は、戦闘開始時点から早速突撃するのではなく、敵陣に動揺がみられ、連携が乱れてきた頃合いを見計らって行うものであった。これにより、敵陣を混乱に陥れ、自軍に有利な状況をつくり出すのである。つまり、状況に応じて下馬して戦うのか、騎馬隊を突撃させるのかが判断されたことになる。こうした当時の騎馬武者の戦闘実態については、実は文書史料よりも「戦功覚書」にたくさん登場するのである。

たとえば、北条氏の家臣であった桜井《さくらい》武兵衛の「戦功覚書」によると、下総国結城の田川《たがわ》（茨城県結城市）という場所で北条氏邦が敵と戦った際に、氏邦自身が「馬ヲ入勝負」をかけたものの、北条方は井原という武士が討ち死にしたうえに、氏邦も鑓傷を負って危険な状況となってしまった。その際に、桜井武兵衛らが駆け付け、助けたという。また、天正九年（一五八一）の伊豆国戸倉《とくら》（静岡県清水町）での合戦の際に、武田軍の朝比奈《あさひな》又太郎なる武士が「馬入」て北条軍を大混乱に陥らせたが、やはり武兵衛が朝比奈に二度鑓を付いて盛り返したため、武田軍の追撃を防ぐことができたという。

最上《もがみ》氏の家臣であった今野弥左衛門因長の「戦功覚書」には、慶長五年（一六〇〇）に上杉景勝の軍勢が最上氏の出羽国上山城《かみのやま》（山形県上山市）を攻撃した際、「大悪所」つまり地の利の悪い場所にいたため、引き上げに手間取っていたところを騎馬で攻撃し、勝利を得ている（「雞肋編」）。同じく最上氏の家臣山吉《やまよし》孫右衛門の「戦功覚書」には、上杉方の酒田《さかた》城（山形県酒田市）が秋田《あきた》氏の軍勢に攻められたとき、虎口《こぐち》際の足軽が総崩れとなり、秋田勢が追撃してきたところに馬を立て、足軽を無事に城内に逃げ込ませることに成功している（「雞肋編」）。こうした事例からも、騎馬隊による突撃は、基本的には敵方を混乱に陥れることが第一の目的であったようである。

このように、騎馬隊による突撃はたしかにあったのだが、「吉政覚書」で描かれた騎馬隊は、あくまで臨時編成された騎馬隊であったことに特徴がある。普通、戦国大名の軍隊は、各地から招集されると武器ごとに部隊編成されることで知られている。では、これは特殊事例なのだろうか。どうやらそうではないようである。著名な『雑兵物語《ぞうひょうものがたり》』には、勝負の分かれ目になったときに、自軍のなかの馬上巧者を選抜して臨時的に騎馬隊を編制し、敵陣の右側へ突撃させる場合があったことが記されている。こうした臨時編成は、鉄炮隊でも「諸手抜《もろてぬき》」と呼ばれ、しばしば行われていたことが知られている。

以上のことから、戦国期の合戦では、敵方を混乱に陥れることを目的とした騎馬隊による突撃戦法が行われており、しかもそれは十分な効果を生むものであったことがわかる。「吉政覚書」にみえる十三騎の選抜騎馬隊による突撃は、戦闘中ではないものの、敵が村人に扮して敵か味方かわからない状況に対して、まさに敵方を混乱に陥れるために行われたのであり、戦国期の合戦のセオリーに沿うものであったといえよう。

軍令違反は厳罰

吉政の失敗は、軍令違反に起因していた。戦国大名は、軍勢の勝手な行動を禁止するためにしばしば軍令を定めていた。それに違反した場合は、厳罰に処されることも多かった。

たとえば、天文二十二年（一五五三）に毛利元就《もうりもとなり》・隆元《たかもと》父子が連署で出した五ヶ条の軍法書《ぐんぽうしょ》では、どんな活躍をしようが、大将や軍奉行の命令に背いた者は忠節とはみなされないことになっていた（「毛利家文書」）。分国法《ぶんこくほう》の代表例である「今川仮名目録《いまがわかなもくろく》」にも、出陣したときに決められた部隊を勝手に離れ、他の手に加わって高名を挙げたとしても、それは不忠の至りであり、知行を没収あるいは被官関係を解消するとある。東西問わず、どの大名も同じような悩みを抱え、それを軍法という形で解消しようとしていたのである。

違反者が、実際に厳罰に処される場合も少なくなかった。『家忠日記《いえただにっき》』には、徳川家康の小姓《こしょう》をしていた大須賀《おおすが》弥吉という武士が、先年の遠江国高天神城《たかてんじん》（静岡県掛川市）攻めの際に軍令違反をしたとして、切腹させられている。北条氏照が出した軍令でも、違反者は切腹・死罪となっていた（「青梅市郷土博物館所蔵文書」）。知行没収よりもさらに厳しい罰もあったのである。

だがそれでも、血気盛んで武功を挙げることにやっきになっている多くの武士たちのなかには、軍令違反を犯してでも勝手な行動を取るものが後を絶たなかった。「結城氏新法度《ゆうきししんはっと》」にも、無分別にやたらと出撃する、命じられてもいないのに偵察に出る、などの勝手な行動を家臣たちがとっていた様子が記されている。吉政も、そうした武士の一人になってしまったのである。しかし、吉政は軍令違反に正面から問われることはなかった。まさに命拾いしたことになるが、それでも陰口を叩かれるという痛い仕打ちにあっている。こうした経験から、息子たちに軍令はきちんと遵守することが大事であるという教訓を、わざわざ伝えようとしているのだから面白い。

2. 小山土塔塚での大活躍

戦功を横取りされる

「吉政覚書」の四条目に移ろう。二十七歳のときの出来事として、同じく小山での合戦の様子が克明に記されている。

木沢での合戦の翌天正六年（一五七八）七月十七日、再び結城晴朝が常陸国・下野国からの援軍とともに小山と榎本に攻め込んできた。その退却時に、晴朝は北条方の反撃に対応するため、今度は

「土塔塚《どとうづか》」という大きな塚に軍勢を多く置いた。木沢での合戦とよく似たパターンである。

原文では「後ろの」七月十七日と記されているので、閏七月になるのかもしれず、そうなると天正五年になってしまうのだが、前条との関係からしても時期が狂ってしまう。そのため、天正六年のことと考えておきたい。いずれであっても、七月十七日の合戦は、これまでの研究では知られていないが、天正七年だと、七月二十三日に小山で合戦があったようである（「青山文書」）。これも若干時期が合わず、今回も残念ながら正確な時期は不明瞭のままである。

ただ、天正六年だとすると、一月前には常陸国小川台合戦が行われていた。結城・山川《やまかわ》領へ侵攻した北条氏に対して、佐竹・宇都宮《うつのみや》・那須《なす》氏らの連合軍が結城氏支援に動き、両者は結城城東方の小川で対陣したのである。この合戦は、大規模に衝突するものではなく、六月七日には北条軍が撤退を開始して終結した。このとき、北条軍は「土塔の原」へ退いたことがわかっている。「土塔の原」と「土塔塚」は、同じ場所を指すのであろう。

結城晴朝画像　東京大学史料編纂所蔵模写

さて、「土塔塚」については、現在もJR小山駅の東側に土塔という地名が残っており、この地域では比較的大きい古墳である県史跡・愛宕塚《あたごづか》古墳が存在している。おそらく、この古墳

愛宕塚古墳　栃木県小山市

のことを指していると考えられる。直系四五ｍ、高さ一〇ｍの円墳で、現在は住宅街に囲まれた木が茂る小丘になっており、愛宕神社が建てられている。古墳の周辺は、高低差がほとんどない平坦地が広がっており、当時は周囲から非常に目立つ存在だったと考えられる。おそらく、当時は頂上に立てば祇園城方面も結城城方面もよく見えたであろうし、敵の反撃を防ぐにはうってつけの場であったのだろう。古墳が城郭として利用されることはしばしばあるため、その点でも納得である。

結城軍がそのような行動を取るなか、北条軍は早速、土塔塚に対して攻撃を開始した。そのとき、吉政はとくに抽んでて敵に攻めかかったという。すると、結城方の下総国下館《しもだて》城主水谷《みずのや》勝俊《かつとし》の家臣である長野《ながの》伊予という武士がやってきて、吉政と鑓を合わせた。吉政は、いろいろと手柄を立てたようだが、敵は多勢で味方は無勢という状況だったので、南側で戦っていた北条軍の方から次第に崩れていったため、北側で戦っていた吉政たちも、敵を散々引っかき回したうえで退却を開始したという。

退却時、吉政はその名が広く知れ渡っていた厚木《あつぎ》左京亮という武士を馬から突き落とし、親子ともども討ち取るという大手柄を立てたのである。厚木氏は結城氏の重臣であり、著名な分国法である「結城氏新法度」制定時にも、重臣の一人として厚木弥三郎が名を連ねている。その嫡子と思われる若狭守は、最終的に結城秀康《ひでやす》に従って越前へ移っている。左京亮が具体的に誰を指すのかは不明だが、この厚木氏の一族と考えて問題なかろう。結城方に大きな損害が出る一方、北条方は岸源十郎、石原主膳《いしはらしゅぜん》と吉政の三人が負傷したのみであったという。

合戦後の翌日、結城方の使者が、討ち取られた厚木左京亮親子の首を引き取りに小山へやってきたが、その者があることを北条方に尋ねた。それは、「昨日の土塔塚での合戦の際に敵・味方双方から大きな手柄を立てたと認識された、白撓《しろしな》い・白御弊の旗を指した武士の名前を教えてくれ」、というものであった。それに対して北条方は、そのうちの一人は、武蔵国忍《おし》（埼玉県行田市）の牢人である手島左馬介であり、白御弊の旗の者は西上野の牢人である北小次郎であるという文書を認めて、結城方に送り届けたという。

北小次郎は不明だが、手島左馬介は手島長朝《ながとも》のことと考えられる。実は、彼は武蔵国衆成田《なりた》氏の重臣であった。長朝の父高吉《たかよし》も成田氏の家老であり、永禄十二年（一五六九）十二月以前に高吉は死去し、長朝が継承したようである。元亀二年（一五七一）頃まで成田氏のもとで活動していたことがわかっているが、その後どういうわけか、長朝は成田家を離れて牢人となってしまったようである。その結果、当時は北条氏照の家臣となっていたのだろう。ちなみに、長朝は最終的には成田氏のもとへ戻っている。

これで終わりかと思いきや、最後に吉政は静かに反論している。何事も昔のことを今さら言うまでもないが、自分が記したことこそ事実であると。つまり、本当に活躍したのは自分であり、間違えられてしまったのだということを暗に言おうとしているのである。これについて一切嘘偽りはない、とひときわ強く主張しているのは面白い。

石原主膳との出会い

第四条では、石原主膳なる人物が登場する。実はこの主膳、吉政と同じく、後に彦根藩の重臣となり、彦根城の縄張を行ったとされる非常に重要な人物なのである。吉政と同様、戦国期の史料にはほとんど登場しないが、わずかだがその存在が確認できる。

天正八（一五八〇）～十年のものとされる月日未詳の北条氏照判物《はんもつ》のなかに、北条氏光《うじみつ》への「加勢衆鉄炮」として「一丁　石原主膳」と登場する（「秋山断氏所蔵文書」）。これが唯一登場する文書史料なのだが、実はほかの武士の「戦功覚書」に登場する。一つは、結城氏家臣であった野村高貞《のむらたかさだ》の「戦功覚書」で、「小山木沢口にて、佐竹と対陣の時、大極《（掾カ）》・佐竹の陣へ罷り通り候処を、小山より石原主膳門を開らき、大極を追い崩し申し候時、主膳と立ち合い、首壱つ高名仕り候事」と登場する（「新編武蔵風土記稿　巻六」）。もう一つは、前掲した桜井武兵衛の「戦功覚書」で、中山勘解由と並んで石原主膳も登場する。中山勘解由は氏照の重臣として有名だが、彼と並び記されていることからして、この当時も氏照の家臣だったことがわかる（「桜井家文書」）。

これらの史料から、「吉政覚書」の内容と同時期に主膳が北条氏、とくに北条氏照の家臣だったことや祇園城に在城して活躍していたことは明らかであり、少なくとも天正十二年まで氏照の家臣として存在が確認できた。なお、野村の覚書に記された木沢口での戦いは、「吉政覚書」のものとはまた別のもののようである。それだけ、木沢口はしばしば合戦の舞台となっていたのだろう。

主膳の諱は吉次《よしつぐ》で、武蔵国石原《いしはら》（埼玉県熊谷市）出身の武士という。もともとは北条家に仕えており、家老であったと記す史料もあるが、それは誤りだろう。また、もとは武田氏家臣・山県昌景《やまがたまさかげ》の鉄炮衆の一員だったとする説もみられる。小田原合戦後に井伊直政に召し出され、牢人分として扶持二〇〇〇俵を拝領し、家老格となった。関ヶ原合戦の前哨戦である岐阜城《ぎふ》（岐阜市）攻めでは旗奉行を務め、慶長十四年（一六〇九）四月二十一日に没したという。石原家も、直系は数代で絶えてしまい、主膳の二男・甚五左衛門家が幕末まで続くことになった。主膳は、当時の彦根藩関係史料にもたびた び登場しており、吉政以上に藩政初期の重臣だったことがわかる。

なお、主膳が身に着けたという甲冑「伊予札二枚胴　朱具足」が、京都の井伊美術館に残されている。兜鉢《かぶとばち》の裏側に、明暦三年（一六五七）に四代目主膳吉因が修復した旨が記されているということから、たしかに主膳が着用したものと思われる。ちなみに、蛇足ではあるが、長宗我部《ちょうそかべ》氏の家臣だった福《ふく》冨親政《とみちかまさ》の「戦功覚書」によると、石原主膳は下戸《げこ》であったという（「土佐国群書類従巻第四十七」）。

吉政と主膳は、偶然にも同じ北条氏照の家臣となったことによって出会った。まさか、その後ともに井伊家に仕官し、お互い藩政初期の重臣になるとは夢にも思っていなかったことだろう。これもまた、何が起きるかわからない人生というものである。

戦国武士の旗指物

さて、第四条からは、当時の吉政の旗指物が白撓い・白御弊であったことがわかる（あるいは、吉政は白御幣のみで、手島が白撓いだったか）。撓いとは旗指物の一種で、木ではなく竹を軸に使っているので斜めに撓るため、そう呼ばれる。これに白い布を付けて旗としたものが白撓いである。その旗にさらに白い御弊を付けていたのだろうか。まさに、真っ白な旗指物だった。

旗指物は、大軍のなかで個人を特定するための重要な目印である。そのため、武士たちはこぞって目立つ旗指物を考え使っていた。それでもデザインに限界があったようで、形や色が被ってしまうこともしばしばあった。西上野牢人の北小次郎の旗指物は、吉政と同じ白御弊を使ったものであったため、味方の北条軍にさえ間違えられてしまい、自分の戦功をある意味横取りされてしまう結果となってしまったのである。このように、旗指物のデザインが被ってしまったことによるトラブルは、第六条にも登場するので、また、後ほど詳しくみてみたい。

第二章　戦国武士たちの人間模様

1．罪人大田十左衛門との格闘

寝室で敵を裸で食い止める

第五条目も、下野国小山（栃木県小山市）での出来事である。年月日が記されていないが、先の条文と同時期のことである。

小山にいたあるとき、北条氏照の家臣である狩野主膳に預けられた大田十左衛門という武士がいた。十左衛門は、二回の軍令違反を犯していたようで、さすがにこれは捕まえて処罰する必要があるということで、狩野源十郎と石原主膳の二人が吉政のもとに相談しにやってきた。十左衛門は年齢といい体格といい、若年の吉政にとっては敬意を表する人物であり、そのため吉政も十左衛門と良好な関係にあった。その関係を知った二人が、吉政に十左衛門の身柄確保を依頼したのである。吉政は乗り気ではなかったようだが、仕方ないということで引き受け、十左衛門のもとへ出向き、軍令違反の罪を申し渡し、それに納得できないのであれば、今すぐここを立ち去れと説得した。その結果、十左衛門はよくよく納得したようで、たいした抵抗もせず、吉政に身柄を委ねたらしい。

さて、十左衛門は二重の「小手高手《こてたかて》」という状態で監禁されることになった。おそらく、城内の牢屋にでも入れられていたのだろう。『日葡辞書《にっぽじしょ》』によると、「小手」は「人を手首のところでしばる、しばり方の一種」、「高手」は「腕の肘から上の筋肉で、人を縛る時に括る所」であり、「高手小手」(「小手高手」と同じだろう)は「両腕の筋肉のところと手首のところとを括」るという縛り方で、罪人の縛り方の一つらしい。しかも二重というから、非常に厳重な縛り方である。

ちなみに、江戸時代の刑罰に関する研究によると、罪人に対する縄の縛り方はいろいろあり、基本的にはみな同じような縛り方なのだが、身分により微妙に異なっていたことがわかっている。とくに武士の場合は「二重菱縄」と呼ばれる縛り方であったようだが、十左衛門も「二重」に縛られていることから、戦国期からそのような縛り方がされていた可能性も考えられよう。

そのような状態が続いたある日、事件が起きた。見張りの番衆が多くいながら、十左衛門は力尽くで縄をほどいて脱出し、なんと吉政の寝室へ飛び込んできたのである。そのとき、吉政は裸の状態であり、完全無防備であった。その状態で十左衛門と組み合いつつ、「誰か助けてくれ」と叫んだものの、剛の者として知られる十左衛門に恐れおののき、なかなか誰も助けに来てくれなかった。そこに、現場の近くに位置する狩野源十郎のもとに泊まっていた石原主膳が源十郎とともに駆けつけ、助けてくれたのである。

これを聞いた北条氏照は、「戦場での稼ぎは前もって覚悟をしたうえでのものであるが、今回は寝室に飛び込んでくるというまったく予期せぬ出来事にもかかわらず、剛の者を裸で組み止めたことは、戦場での七度の鑓にも勝るようなものである」と述べ、吉政に褒美を与えたという。

狩野主膳と彦根藩筆頭家老木俣氏

第五条には、石原主膳とともに狩野主膳・源十郎なる武士が登場する。実は、この狩野氏も非常に重要な人物なのである。狩野主膳・源十郎ともに戦国期の史料上には登場しないが、狩野主膳は北条氏照の重臣狩野泰光《やすみつ》（一庵《いちあん》）の息子である。主膳は、井伊直政の世話役であった新野左馬助の娘と結婚し、天正十四年（一五八六）に子をもうけたが、その子が後に彦根藩の筆頭家老として活躍する木《き》俣守安《またもりやす》となる。源十郎は、主膳の弟であろうか。

木俣氏は、もともとは伊勢国神戸《かんべ》（三重県鈴鹿市）出身の氏族である。徳川家康の父広忠《ひろただ》が神戸に滞在していたときに家臣化し、三河へ移ったという。初代守勝《もりかつ》は、三河国岡崎《おかざき》（愛知県岡崎市）で生まれ、家康の小姓を務めるなどしていたが、詳細は不明なものの天正元年（一五七三）に一家の者と問題を起こして徳川家を離れ、明智光秀《あけちみつひで》の家臣となっている。実際、天正六年九月十日には、光秀から播磨国神吉城《かんき》（兵庫県加古川市）攻めの戦功により、山城国賀茂荘内において五〇石を与える旨の感状《かんじょう》を拝領しているのである（「木俣清左衛門家文書」）。

また、近年発見された「石谷家文書《いしがい》」によると、天正十一年時点で「秀勝《ひでかつ》」と名乗っていたことがわかっている。明智光秀の「秀」の字を拝領したのだろう。本能寺の変前に、守勝は再び徳川氏の家臣に戻り、その後、井伊直政付きとなった。小田原合戦後には狩野主膳の妻であった新野左馬助の娘と結婚し、その子を養子とした。これが守安である。以後、守勝は四〇〇〇石を有する彦根藩の筆頭家老として活躍し、慶長十五年（一六一〇）に没した。跡は守安が継ぎ、井伊直孝《なおたか》が家督を継承してからは引き続き筆頭家老として藩政を取り仕切っている。

当時の吉政は、まさか狩野主膳の息子が木俣家に養子入りし、ともに彦根藩士となり、木俣氏が彦根藩筆頭家老として活躍するとは夢にも思っていなかったであろう。ここでも、人間の不思議な運命、歴史の面白さというものを感じてしまうのは筆者だけであろうか。

「境目」としての小山

戦国期の小山は、北条氏と反北条連合がぶつかり合う、まさに「境目」の地域としての性格が濃厚であった。第五条目の最後に、吉政は小山について次のように記している。

当時の小山は、方々から敵が攻撃してくる場所で、昼も夜も敵方と掛け合っていた。この覚書を記している現在であれば、立派な手柄となるようなこともたくさんしたが、あまりに細かくなりすぎるのでここでは記さない。まったく不必要な苦労をたくさんしたものだ。今となっては何にも役に立っていない。あまりに残念に思うので、こうして記しておく。若い人たちは、主人の命令にきちんと従って奉公する道を嗜むように。

後半は吉政の愚痴のようなものになっているが、前半は当時の「境目」地域のリアルな姿を端的に物語っているといえよう。大規模な合戦から小規模な小競り合いまで、さまざまなレベルの戦いが日夜繰り広げられており、それに常に対応せざるをえないものの、あまりに頻繁にいろいろな出来事が起きていたために、その仕事を正当に評価されることが少ないまま頑張っていた現場の武士たちの姿が浮かび上がってくるではないか。

2. 尾張牢人荻谷氏との旗指物相論

武士にとって大事な旗指物

第六条は、小山祇園城に番手として籠城していたときのことを記す。尾張の牢人である荻谷という武士も番手としてともにいたが、牢人であるゆえか、定まった旗指物がなかったようで、金色に塗った宝珠《ほうじゅ》の玉を「出し」として、さらに白御幣を付けた仮の旗指物を使っていたらしい。「出し」とは、旗指物や馬印《うまじるし》などの棹の先端につける飾り物のことをいう。棹の先端に金色の玉を付け、その下に

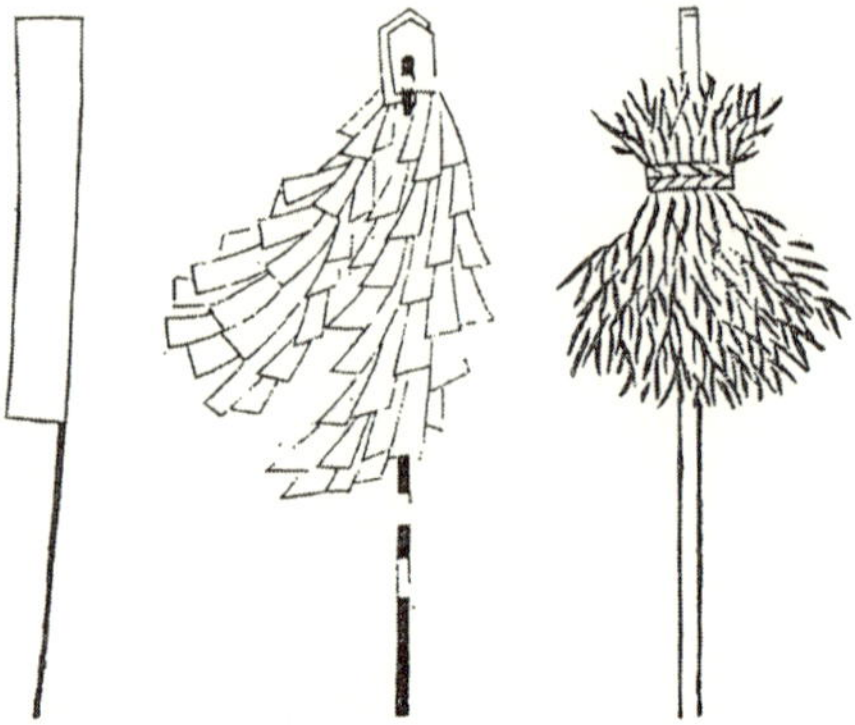

旗指物（撓い、御弊、酒林）　高橋賢一『旗指物』（人物往来社、1965年）より転載

白御弊を付けた旗指物だったのだろう。

　北条氏は巨大な戦国大名なので、家臣も多かったのだが、そのころの吉政の旗指物は、金色の酒林《さかばやし》を「出し」として、さらに白御弊を付けたものであった。酒林とは、杉の葉を束ねて球状にし、軒先にかけて酒屋の看板としたもので、この形をした旗指物のことも酒林という。現在も酒屋・居酒屋などで目にすることが多いだろう。戦国期では比較的よくみられる旗指物だったようである。

　さて、先ほど述べたように、天正六年（一五七八）段階の吉政は白撓い・白御弊の旗指物を使っていたようだった。ということは、この間に旗指物を若干変えたということになるのだろうか。それはともかく、つまり当時は荻谷と見た目が瓜二つの旗指物を使っていたことになる。

　旗指物は、武士個々人の象徴のようなものであるから、これが大きな問題となってしまった。そこで荻谷は、ある意味先輩である吉政に対して、旗指物を自分に譲ってくれと何度も懇願したのだが、吉政は首を縦に振ることはなく拒否し続けた。その後、長々とお互い問答を続けていたという。

　そうこうしているうちに、荻谷を物頭《ものがしら》とした鉄炮衆一二〇人が、敵方との最前線である下野国鹿《か》沼城《ぬま》（栃木県鹿沼市）へ番手として派遣されることになった。非常に危険な任務であり、死を覚悟するものだったのだろう。そこで荻谷は、甲冑で身を固めて二人の使者とともに吉政のもとへやって来て、このうえは意地を張って問答を続けることは止めにしたいと思う、ただ、別れの挨拶ついでに旗指物をぜひ譲ってほしいと述べ、樽酒や肴を持ってきていろいろと吉政に懇願したのである。

そこで吉政は仕方なく了解し、気前よく旗指物を荻谷に譲った。これにより、以後、吉政は白御弊の旗指物を指すのを止めたのだという。あるいは、以前の白撓い・白御弊の旗指物も北小次郎の旗指物と間違えられたことがあったので、今回も新たな旗指物にする良い機会と吉政は考えたのかもしれない。

被ってしまった旗指物のデザイン

「吉政覚書」第四条にも、旗指物の話が登場していた。そこでは、吉政の戦功だったにもかかわらず、同じ白御弊の旗指物をしていた別人の戦功に認定されてしまうシーンがあった。つまりは、デザインが被ってしまったために起きたトラブルであった。そして今回も、金色の玉に白御弊という瓜二つの旗指物が出てきてしまったため、激しい相論となっている。

こうした旗指物をめぐる相論は、当時それなりによくあったようである。なかでも、永禄六年（一五六三）頃に起きた上杉謙信の家臣・色部勝長《いろべかつなが》と平賀重資《ひらがしげすけ》による小旗をめぐる相論は、史料が豊富に残されており興味深い（「越後文書宝翰集」）。色部氏の紋は、上杉謙信から下賜された鷹羽の紋だったが、同じく家臣の大江《おおえ》氏も使っていたようである。そのため、勝長は上杉家重臣の河田長親《かわたながちか》を通して交渉し、旗の使用を撤回させている。

ところが、今度は平賀重資が同紋を使用したのである。勝長は再び長親の名前を出して止めさせようとしたが、不首尾に終わってしまった。そのため、勝長は長親に重ねて訴え抗議した。長親は、早速重資に使者を派遣して、鷹羽の紋は謙信が勝長に与えた紋だから使用を止めるよう諭した。その返事のなかで重資は、自分の小旗は代々伝わる紋で、色部のものとは似て非なるものである、同じく上杉氏の重臣斎藤朝信《さいとうとものぶ》の家臣も使用しているので、内々に使用許可を申し出ようとしたのだが、こうなったからには使用するのを止めると述べている。重資が繰り返し似て非なるものであると主張し続けているのが面白い。

これをうけて、長親は重資に対し、斎藤の家臣も使用しているのであれば、なおさら先に断りを入れるべきであったのに、このたび勝長との間で大きなもめごとになってしまった、早速使用を止めるようにと申し渡している。この件は、上杉氏のなかでも名が通った上級家臣レベルでの問題だが、吉政のようにもっと下のレベルでは、同様の問題が頻繁に起きていたことだろう。なかなか史料上に登場しない話ではあるものの、こうしたことが現実の戦国社会では起きていたのである。

それにしても、以後、吉政はどのような旗指物にしたのだろうか。「吉政覚書」には一切記されていないため不明であり、気になるところである。

活躍する牢人たち

第五条でも、武蔵国忍の牢人である手島左馬介、西上野の牢人である北小次郎が登場したが、本条でも尾張の牢人である荻谷なる武士が登場している。しかも、彼らが実際に重要な役割を果たしていた様子も知ることができた。前掲した桜井武兵衛の「戦功覚書」にも、「京牢人村井」なる武士が登場し、宇都宮氏の本拠・多気山城《たけやま》（宇都宮市）攻めの際に、武兵衛とともに鑓合戦を行っている（「桜井家文書」）。

牢人といっても、その実態はさまざまである。一般的には、主家が滅亡して職を失った武士というイメージが強いかもしれないが、決してそうした人々だけではない。主人と喧嘩をして主従関係を解消されることもあれば、大名家中の紛争に敗れ、追放されてしまうこともあった。手島左馬介は、主家である成田氏は健在なので、当主か家中との折り合いがつかずに牢人となったのだろう。また、牢人と表現されることがある人々のなかには、吉政のような特定の主を持たず、武者修行を重ねて渡り歩く武士もいるのかもしれない。「牢人」という史料用語だけでは、なかなか彼らの実態をつかみきれないのが残念である。

彼らのような存在は、さまざまな形で史料上に登場し、そのなかでもやや時代は下るが、「北の関ヶ原」時における興味深い事例がある。常陸国衆車《くるま》氏の一族で、佐竹氏の家臣となった車丹波守斯忠《つなただ》

梁川城跡の桝形虎口　福島県伊達市

という武士がいた。佐竹義重の側近として活躍し、猛将として比較的知られている人物であろう。

ところが、斯忠は一時期佐竹家を離れている。いったいどこへ行ったのだろうか。実は、前掲した石原主膳が登場する北条氏照書状のなかに、「車丹波衆」が登場するのである（「秋山断氏所蔵文書」）。別の氏照書状では、天正五年（一五七七）頃に陸奥白河《しらかわ》氏への使者としても活動していることが確認できる（「白川証古文書」）。どうも天正年間の一時期、あろうことか佐竹氏の宿敵・北条氏のもとで活躍していたことになる。ただ、その後は再び佐竹氏のもとへ戻り、朝鮮出兵時には佐竹義宣《よしのぶ》とともに肥前国名護屋《なごや》（佐賀県唐津市）に赴いている。

そのまま佐竹氏家臣として居続けたかと思いきや、再び佐竹氏のもとを離れてしまう。次に表舞台に登場したのが、慶長五年（一六〇〇）の「北の関ヶ原」のときであった（『伊達治家記録』ほか）。伊達軍と上杉軍が陸奥国梁川《やながわ》城（福島県伊達市）をめぐって戦っていたときのことである。

伊達軍の国見山《くにみやま》の陣所にいた宮崎内蔵助が、伊達軍の幕を人夫に持たせて福島にいる伊達政宗《まさむね》のもとへ向かおうとした。それを梁川城主だった上杉氏の家臣・須田大炊《すだおおい》が見つけ、追いかけて討ち取ることを考え、当時「武者修行」をしていた斯忠に出陣を命じたのである。上杉氏と通じていた佐竹氏が、ひそかに斯忠を上杉氏のもとへ派遣したとの説もあるが、ここではあくまで「武者修行」の身であると記されている。

斯忠は猪の旗指物を指して、馬上一〇騎・足軽一〇〇人を率いて梁川城から阿武隈川《あぶくまがわ》を越え、藤田《ふじた》（福島県国見町）と桑折《こおり》（同桑折町）の間に出て人夫に斬りかかり、内蔵助を討ち取る手柄を立てている。このとき、伊達軍の幕も奪い取ったとも、あるいは竹に雀の紋付き幕を奪い取ったともいわれている。「武者修行」の身でありながら、斯忠は一部隊の物頭として活躍していたのである。「吉政覚書」に登場する尾張牢人の荻谷氏も、物頭として最前線に派遣されていたが、まったく同様の事態といえよう。

さて、そのまま上杉氏の家臣となるかと思いきや、関ヶ原後には再び佐竹氏に仕えている。最終的には、佐竹氏の国替直後に水戸《みと》城（水戸市）の乗っ取りを企てたが失敗し、処刑されてしまった。

牢人は、一方では忌避される存在であったが、一方では大名の軍勢にはなくてはならない重要な戦力でもあったといえそうである。いわゆる正規軍や雑兵についての研究は進んでいるが、こうした所属が不明瞭な牢人や「渡り歩く武士」の存在が、大名の軍勢とどのように関わっていたのかについても、今後詳細に検討していくことが必要だろう。

第三章　「棟梁」としての誇り

1．上野国後閑橋をめぐる合戦

甲相同盟の破綻と東国社会

天正六年（一五七八）三月十三日の上杉謙信の死は、東国社会に大きな影響を与えた。その後継をめぐって養子の上杉景虎《かげとら》と景勝が争うようになり、御館《おたて》の乱《らん》と呼ばれる一大抗争へと発展していった。これにより、それまで甲相同盟《こうそうどうめい》を結んでいた北条・武田氏間にも亀裂が生じ始めた。上杉景虎は北条氏政の弟であったため、氏政は景虎を援護し、甲相同盟に基づいて武田勝頼《かつより》に援軍を要請した。これをうけて、勝頼は越後へ出陣し、当初は景虎と景勝との和睦を仲介しようとしたのだが、急遽路線を変更して同年六月に景勝と同盟を結び（甲越《こうえつ》同盟）、景虎に敵対することになったのである。

この同盟を背景に、景勝は翌年に景虎を破り勝利したが、当然のことながら甲越同盟の締結に北条氏は猛反発し、甲相同盟はついに破綻してしまった。再び敵対関係となった北条氏と武田氏は、駿河国や伊豆国、西上野などで繰り返し激突するようになった。

なかでも上野国の要衝で、御館の乱後に北条氏の支城となっていた沼田《ぬまた》城（群馬県沼田市）が攻防戦の主な舞台となった。沼田城には北条氏邦の家臣・藤田信吉《ふじたのぶよし》が在城していたが、天正七年八月に厩《まや》橋《ばし》城（前橋市）主北条高広《きたじょうたかひろ》や今村《いまむら》城（群馬県伊勢崎市）主那波顕宗《なわあきむね》が武田氏に従属し、沼田城や名胡《なぐ》桃《るみ》城（同みなかみ町）を攻撃するなど、武田氏の攻勢が続いたのである。

そのような上野国沼田城をめぐる北条氏と武田氏との争いのなかに、再び吉政は姿を現すのである。

武士としての当然の働き

北条氏照の家臣だった吉政だが、その後、氏照のもとから離れていった。その理由はよくわからないが、まさに吉政の言う「修業」ということなのだろう。いろいろなところを渡り歩いて「修業」し、己の能力を高めることが吉政の目的であったようである。次に吉政が仕えたのは、同じ北条家の重鎮で、氏照の弟である氏邦であった。

天正八年（一五八〇）、北条氏邦が上野国沼田を治めていたときのことである。吉政は二十九歳であった。沼田のほど近くの小川《おがわ》（群馬県みなかみ町）を本拠とする小川可遊斎《かゆうさい》という国衆が氏邦に対して謀反を起こし、真田昌幸《さなだまさゆき》に付いて武田方となる事件が起きた。その背景を少し説明しておくと、天正六年三月の上杉謙信死後、御館の乱が起き、沼田城は北条氏の属城となった。一方、武田氏も沼田地域への進出を試み、沼田城に近く、利根川《とねがわ》右岸にある名胡桃城などを攻撃していたが、天正八年三月に、やはり利根川右岸にある小川城の小川可遊斎が武田氏に従属したことにより、一挙に攻勢を強めたのである。

よって氏邦は、沼田の仕置のため沼田城に在城したのだが、その間の四月八日、昌幸が西上野や信濃国佐久《さく》・小県《ちいさがた》郡の軍勢を率い、沼田へ向かって攻撃を仕掛けてきた。当時、昌幸はすでに名胡桃城を保有していたものと思われ、そこから利根川を渡って左岸側にある沼田城の攻撃を狙っていたようである。

ただ、その際には利根川に架かる後閑橋《ごかんばし》（同みなかみ町）という大きな橋を渡る必要があった。そこで氏邦は、事前に後閑橋を押さえ、橋の西詰（北条方から見て川の対岸。橋爪）に無数の「しほり」と呼ばれる柵を二重に設けてこれに対応したが、昌幸自身が乗り込み、軍勢を入れ替えながら攻撃を繰り返したため、一重目の「しほり」が突破されてしまった。橋の東詰に北条軍の歴々の者たちが三〇〇人ほどいながら、少しも支えることなく簡単に突破されてしまったことに憤りを感じた吉政は、黒澤帯刀と富永勘解由左衛門とともに鑓を手に取り突いて出て、負傷しながらも「しほり」を奪い返した。吉政は、「敵と言っても敵によるものである。普通に働いた結果『しほり』を取り返したまでである」と語っている。

この第七条が面白いのは、ここから繰り返し、自分の戦功を誇らしげに語っていることである。橋を渡ったときに、矢や鉄炮に当たり討ち死にした者もいたが、不思議と吉政ら三名は敵味方双方の眼前で戦功を上げ、退却することができた。これは末代まで語り継ぐべき出来事であると自画自賛している。さらに、上記とほぼ同内容のことを再び記しつつ、自分は「棟梁《とうりょう》」であり、あのような見苦しい状況に我慢できず対応したのだ、というようなことを述べている。そして最後に、このことは日本国中の神々に誓って一言も偽りはない、自分から七代までの冥利が尽きてしまうような偽りではまったくないと強く主張して、第七条を終えている。

吉政の挙げた戦功のなかでは一番のものだったのだろう。それだけに、子孫に対してきちんと伝えたいという気持ちに溢れる文章である。

なお、この後も武田軍の攻撃は続き、六月から九月の間に、沼田城を守っていた藤田信吉が城を明け渡してしまうことになる。

後閑橋合戦を復元する

後閑橋は、ＪＲ上越線後閑駅の西三〇〇ｍほどのところにかつてあった。現在の月夜野《つきよの》橋にあたる。明治期には竹之下《たけのした》橋とも呼ばれていたが、実は明暦三年（一六五七）に流出して以降、明治六年（一八七三）まで架橋されることはなかったという。そのため、江戸時代はやや下流の部分で徒渉していたことがわかっている。

中世の橋は、船橋《ふなばし》など臨時的に設けるものが一般的であったが、後閑橋は珍しい常設の橋であった

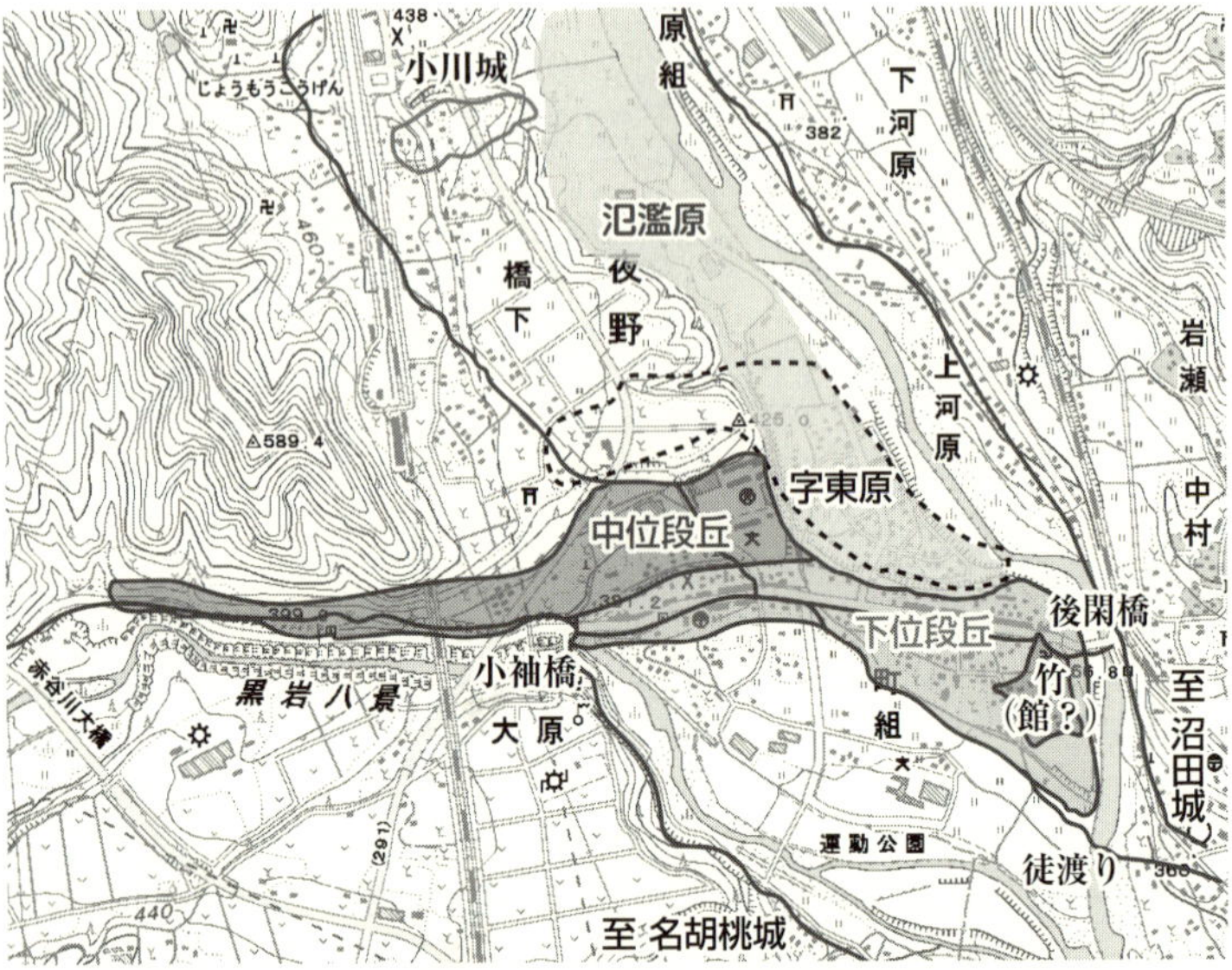

図2　後閑橋周辺地図　飯森康広「天正期における後閑橋合戦と名胡桃城の変容」（『群馬文化』第330号、2017年）掲載図をもとに作成（下図：国土地理院1/25000地形図）

ことで知られている。利根川という全国的にも有数の大河の渡河点として、戦国期の上野国内において、とくに交通の要衝となっていた場所であった。

後閑橋は、（天正九年）六月七日付け武田勝頼朱印状にも「後閑橋の事」と登場する（「真田家文書」）。この文書は、沼田城に在城する真田昌幸に、今後の沼田領支配に関する諸事を十四ヶ条にわたって命じたものだが、そのうちの一ヶ条にわざわざ後閑橋のことが挙げられている。後閑橋がそれだけ重要な橋であったことがわかるだろう。

さて、この後閑橋をめぐる合戦について、最近、飯森康広氏の研究が発表された。これを参考に、合戦の具体像を検討してみよう。

後閑橋が架かっていた利根川の右岸一帯

は、竹之下という地名である。地名からして、「館」の転訛と考えられ、城館が存在した可能性がある。飯森氏によると、沼田側から橋を渡った正面に小丘があり、そこに何かしらの軍事施設が置かれた可能性を示唆している。この小丘は、利根川と赤谷川《あかやがわ》によって形成された下位段丘の先端にある中位段丘で、ちょうどこのあたりで川幅が狭くなることから、架橋して橋を監視するには絶好の場となっている。

『吉政覚書』では、北条軍からみて対岸の西詰に「しほり」を設けたとあるが、ちょうどこのあたりが、北条方と武田方のまさに「境目」となっていたのである。あるいは、北条軍が設けた「しほり」は、この小丘上だった可能性もあるだろうか。いずれにせよ、この小丘が合戦の際の重要なポイントであったことは間違いなさそうである。

後閑橋合戦については、著名な軍記物である『加沢記《かざわき》』にも記述がある。それによると、天正八年三月に北条軍が小川城を攻めたが、小川可遊斎は二〇〇人の勇兵を菩提木の台に伏せ、自身は五〇人余りを率いて竹之下へ向かった。北条軍は、可遊斎を討つべく押し寄せたが、可遊斎はわざと小川城へ撤退し、伏兵をして北条軍を攻撃させた。さらに、名胡桃城からの援兵も北条軍を攻撃した結果、北条軍は総崩れとなり、逃げるために橋へ殺到して利根川へ落ちて溺死する者が多数出た、というものである。橋の具体的な名前は記されていないものの、状況的に後閑橋と考えて間違いない。『上野国利根郡村誌』にも同様の記述があり、このときの古戦場は「東原」という場所だったと記している。

飯森氏によると、「東原」とは後閑橋と小丘の北西に位置し、ちょうど氾濫原に沿って北上して小川城がある上位段丘へ登る経路にあたる。北条軍が後閑橋を渡って小川城を攻めるルートとして最適なものといえる。

話を「吉政覚書」に戻すと、そこではあくまで橋の確保をめぐる戦いについてのみ記されている。橋から落ちて溺死した様子もとくに記されていない。そのため、この戦いが小川城攻めを行うために橋を渡る段階での戦いなのか、小川城攻めに失敗して退却するときの戦いなのか、あるいは真田軍が沼田城攻めを行うために橋を渡ろうとした段階での戦いなのか、残念ながらよくわからない。また、「吉政覚書」に記された戦いは、さほど大きな戦いのようにもみえない。広義の後閑橋合戦のなかの一場面について記したものと考えるのが無難だろう。

富永勘解由左衛門の活躍

本条には、吉政とともに活躍した武士として、富永勘解由左衛門と黒澤帯刀の二名が登場している。このうち、黒澤帯刀については詳細不明だが、北条氏邦の家臣に黒澤繁信《しげのぶ》という人物がいることが知られている。繁信は、受領名《ずりょうめい》は上野守で、天正期に氏邦の奉行人として諸方面で活躍していることが確認できる。おそらく帯刀は、繁信の一族なのだろう。

一方の富永勘解由左衛門も氏邦の家臣で、小田原合戦のきっかけをつくった重臣・猪俣邦憲《いのまたくにのり》の弟である。その邦憲も、「勘解由左衛門同陣」として「戦功覚書」を残しているが、そこにも後閑橋合戦のことが記されている（「東京大学史料編纂所所蔵猪俣文書」）。勘解由左衛門は、後閑橋にて二日間武田軍と競り合い、手柄を挙げたという。具体的な年代は記されていないものの、「吉政覚書」と同じ天正八年段階の出来事とみて間違いなく、二日間の攻防戦があったとする点は興味深い。

また、猪俣邦憲、富永勘解由左衛門に関連する某人の「戦功覚書」にも、沼田へ真田軍が出陣してきたときに、後閑の橋場において鑓合わせをしたと記されており、やはり同じ出来事を記しているとみられる（「東京大学史料編纂所所蔵猪俣文書」）。

しかし、残念ながら邦憲らの「戦功覚書」に吉政は登場しない。共に戦った仲間であるはずなのだが、なぜか記されていないのである。後世の歴史家からすれば、まことに残念なことである。これをもって、吉政の証言が嘘であるという評価も可能かもしれないが、本書では吉政の言い分にまずは従いたい。

それにしても、吉政だけでなくほかの武士の「戦功覚書」にも記されていることからして、後閑橋合戦は規模こそ小さかったのかもしれないが、それなりに重要な戦いであったといえそうである。それにもかかわらず、当時の文書史料では今のところ確認できないというのも、また不思議である。文書史料には必ずしも表れない無数の合戦が起きていたのが、戦国社会だったといえようか。

防御施設としての「しほり」

本条でもう一つ注目されるのが、防御施設としての「しほり」である。筆者は、以前「仕寄《しより》」だと考えていたが、仕寄は基本的には城攻めの際に、攻城側が攻め寄せるために設ける柵などの構築物のことを指す。この点、「枝折」であれば、単純に柵のことを指し、防戦側が設ける構築物としての意味も含まれる（西股総生氏のご教示による）。そのため、本書では「枝折」の字を当てることにしたい。

「しほり」は、たとえば（天正十一年）十二月十五日付け北条氏照書状には、上野国茂呂《もろ》・堀口《ほりぐち》両城（ともに群馬県伊勢崎市）が「しほり一重之体」であるというように登場するが（「桜井市作氏所蔵色部文書」）、実は文書史料にはあまり登場しない。むしろ「戦功覚書」にしばしば登場するのである。

「しほり」が登場する「戦功覚書」として、すぐに思い浮かぶのが、著名な「渡辺水庵覚書」である。中村一氏の家臣だった渡辺勘兵衛は、小田原合戦時に伊豆国山中《やまなか》城（静岡県三島市）攻めに参加し、その様子を克明に記している。そこに、「しほり」が複数回登場する。しかも、別の場面で「仕寄」も登場していることから、やはり「仕寄」と「しほり」は別物だということもわかる。

この覚書で、勘兵衛は「しほり」を乗り越えていることから、やはり柵を意味するのだろう。また、「あけしほり」なるものも登場している。どうやら、これは単なる柵ではないようだ。山中城三の丸の門にあり、「そのしほりおろさせ申さず」とあることから、上げ下げして門の出入り口を開閉する構築物、柵でできた簡素な開閉式の扉といいえようか。いずれにせよ、広義の柵の一種と考えられる。

先に触れた最上氏の家臣・山吉孫右衛門の「戦功覚書」では、上杉方の出羽国酒田城に「しほり」が設けられていたことが記されている。設置された場所は「酒田内町北口」であり、「しほりきわまる戸」という記述もあることから、虎口や城門と関わる構築物のようである。「渡辺水庵覚書」でも、山中城三の丸の門周辺に「しほり」が設けられていた様子がうかがえるので、「しほり」というのは、より具体的には、虎口と密接に関わって設置される柵のことを指すのかもしれない。そう考えると、後閑橋の二重の「しほり」も、橋の出入り口周辺を防御するための柵ということになろう。

2．武田氏滅亡と上野国

織田信長の東国進出と武田氏滅亡

甲相同盟の崩壊により、北条氏と武田氏は全面戦争を展開することになった。勝頼は、佐竹氏・宇都宮氏ら北関東の諸領主と連携して北条氏を攻撃し、上野一国をほぼ制圧するに至った。これに危機感を抱いた北条氏は、織田信長や徳川家康らと連携し、武田氏包囲網とでもいうべきものを形成して対抗した。

この影響力は大きかったようで、勝頼は次第に苦しい立場に追い詰められていった。そのため、佐竹義重を通じて信長との和睦（甲江和与）を試みるが、失敗に終わってしまう。そうした状況に追い打ちをかけたのが、徳川家康による遠江国の要衝・高天神城の攻略であった。家康は、天正八年（一五八〇）九月から攻撃を開始するが、駿河国方面で北条氏の動きに対応せざるをえなかった勝頼は十分な援護をすることができず、翌年三月に高天神城は落城してしまったのである。

高天神城を救えなかった勝頼への批判は急速に広がり、国衆や家臣たちは徐々に離反していった。なかでも天正十年正月、織田領国との境目に位置した信濃国木曽《きそ》郡の国衆・木曽義昌《よしまさ》が、実弟の上松蔵人を人質に出し、織田方に離反してしまったことは大きかった。これを直接的なきっかけとして、織田軍は各方面から武田領国に攻め込み、一気に武田氏滅亡へと至るのである。

このように情勢が大きく変化するなかで、吉政はいかなる行動を取っていたのであろうか。

男としての働き

第八条によると、後閑橋合戦の後、吉政は氏邦のもとを離れ、里見郷に戻っている。そのことを「引籠」と表現しているが、なにも謹慎処分が下されたとか、そういうことではないようだ。あくまで彼は自由に主人を替え、いつでも地元に帰ることができる立場だった。「渡り歩く武士」といいながら、結局、最終的に戻ることができる場所がある、というところが興味深いが、同時に注意しておきたいことである。

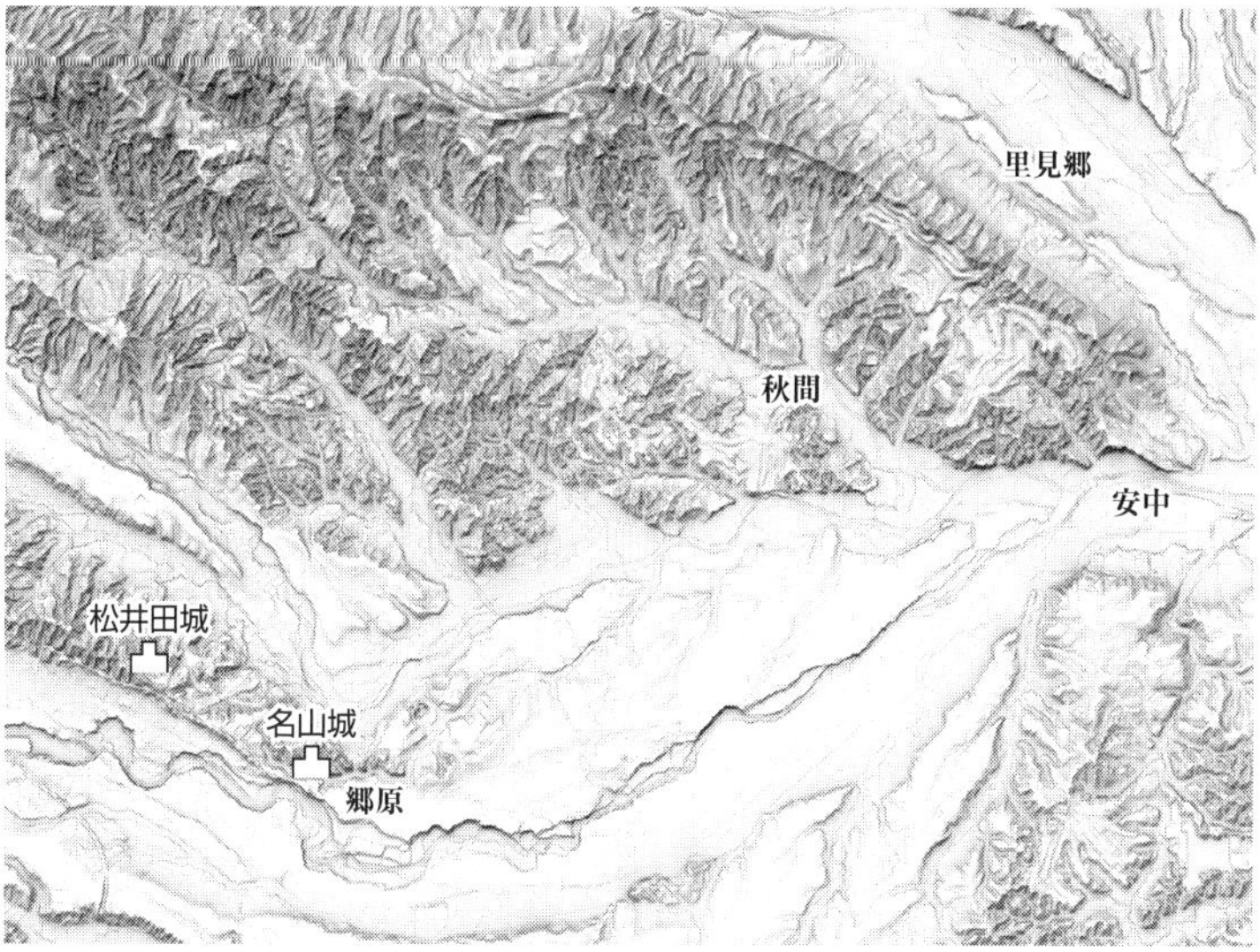

図３　里見郷・安中周辺図

　このように、誰にも仕えていない状況がしばらく続いていたが、そのようななか、東国全体を揺るがす大事件が起きた。天正十年（一五八二）三月の武田氏滅亡である。当時、吉政は三十一歳であった。これにより、武田方の「大名・小名」は思い思いに国元へ「引籠」ったが、一方で織田氏に従属して勢力拡大を図るものも出てきていた。そのうちの一人が、上野国甘楽《かんら》郡の国衆・小幡信定《おばたのぶさだ》であった。

　信定は、同年三月十日に隣接する安中領へ出陣し、放火をして郷原《ごうばら》（群馬県安中市）という場所へ乗り込んできた。それに対して、吉政はなぜか旗指物を指して出陣し、松井田《まついだ》（同安中市）の近所にある名山という山に登り、徒侍と馬をにわかに集めて郷原へ乗り込み、まず一番に馬上にて敵を突き伏せ、若衆に首を取らせた。それ以降、合計十六もの首を取った。その後、さらに近辺を荒らし回って、引き上げ時には五十ほどの首を取ったという。おそらく、国衆安中氏へ加勢したのだろう。

名山とは、現在の安中市名山で、名山城という中世城郭がある。当時、名山城が機能していた城だったのかどうかは不明だが、おそらく「古城」となっていたものと思われる。この「古城」と化していた名山城を一時的な拠点として、吉政は軍事行動に及んだのだろう。「古城」は陣所などにしばしば利用されていたことがわかっているので、そのような観点からも理解できる行動である。

最後に、この一連の出来事について、吉政は「岡本半介殿《おかもとはんすけ》の父喜庵《きあん》も半介殿へ話しているだろうか。言いにくいことであるが、敵味方関係なく男として誇らしいことであるので、仕方なく書いておく。このことを半介殿へも事のついでのときに尋ねてみるといいだろうか。この働きは、私一人の分別で行ったことで、棟梁としてにわかに軍勢を集めて、右に記した通りのことをした」と述べている。文意がいまひとつつかめないが、どうやら吉政にとっては堂々と誇れる戦功ではなかったようである。一人の男としては誇れるが、相当数の首を取っていることからして、その戦功の内容については、当時の人々にとってはあまり好ましいものではなかったのかもしれない。

武田氏滅亡と上野国安中領

天目山《てんもくざん》の戦い(田野合戦)で勝頼は自害し、武田氏は滅亡に至るが、織田軍の一部は上野国へと侵攻していった。その総大将だったのが、信長の四男である織田源三郎信房《げんざぶろうのぶふさ》であった。信房は、もともとは武田氏に人質として出されていた人物で、天正九年（一五八一）に信長のもとに戻された。

そんな信房を中心とした織田軍の別働隊は、三月七日に上野へ出陣したという。「吉政覚書」の出来事は三月十日とされることから、小幡信定はそれまでに織田氏に従属し、信房とともに安中領を攻撃したことになる。その直後、安中氏も織田氏に従属することになり、信房は国衆安中氏の居城・安中城（群馬県安中市）を接収している。

そして、そこを拠点に、さらに大戸《おおど》城（同東吾妻町）の浦野《うらの》真楽斎《しんらくさい》など残りの上野国衆へ服属を働きかけていった。同月二十一日時点で、従属していない国衆は真田昌幸のみという状況にまでなっていたが、昌幸もほどなく従属している。こうして、上野国も織田氏により制圧されたのである。

武田氏滅亡後、信長は旧武田領国の知行割りを行った。具体的には、駿河国（穴山《あなやま》・曽根《そね》氏領を除く）は徳川家康、甲斐国（穴山氏領を除く）と信濃国諏訪《すわ》郡は川尻秀隆《かわじりひでたか》、信濃国木曽・筑摩《ちくま》・安曇《あずみ》郡は木曽義昌、同佐久・小県郡と上野国は滝川一益、北信濃の川中島《かわなかじま》四郡は森長可《もりながよし》、信濃国伊那《いな》郡は毛利長《もりなが》秀《ひで》、というものであった。一益は最初、箕輪《みのわ》城（群馬県高崎市）に入城し、ほどなく厩橋城（前橋市）へ移動して、上野国のみならず広く関東・奥羽の諸大名・国衆と関係を構築していった。これにより、一益を介して信長に服属するものが増えていき、後に「惣無事《そうぶじ》」と呼ばれる新たな秩序が形成されていったのである。

吉政と岡本半介・喜庵

第八条には、岡本半介とその父喜庵という人物が登場する。実はこの岡本氏も、後に彦根藩家老となる重臣中の重臣なのである。本条でいう岡本半介は岡本宣就《のぶなり》を、岡本喜庵はその父である熊井戸実《くまいどさね》業《なり》（業実とも）を指すと考えられる。

岡本氏は、もともとは上野国熊井戸（群馬県甘楽町）出身で熊井戸姓を名乗っていたが、その後、岡本郷（同富岡市）に移住し、岡本姓を名乗るようになった。さらに近隣の上村という所に移住したともいう。半介の父・熊井戸実業は、国峯《くにみね》城主小幡氏の家臣であり、半介も当初は熊井戸半介と名乗っていたという。

半介宣就は、明暦三年（一六五七）に八十三歳で没したとされるが、井伊達夫氏によると八十一歳の誤りと確認されたようで、そうなると天正五年（一五七七）生まれになる。天正十年ではまだ六歳となるので、このときは出陣していないだろうし、その様子も直接見てはいなかったと思われる。一方、父である熊井戸実業は、おそらく小幡方の武将として出陣し、吉政の働きぶりを間近で見ていたのだろう。だからこそ、詳細については「喜庵」＝実業が知っているというのである。

天正十八年の北条氏滅亡にともなって小幡氏も滅亡したため、実業は一時信濃に難を避けて蟄居したともいうが、翌天正十九年に井伊直政に仕えるようになった。もっとも、このとき実業は老齢であることもあって仕官を断り、息子の半介が一〇〇石で取り立てられている。召し出しの経緯は不明だが、『貞享異譜』によれば重臣西郷正員《さいごうまさかず》の伝手《つて》があったという。なお、大坂で十七歳ないし二十二歳のときに召し出されたとする説もあるが、上野武士として箕輪で仕官したと考えるのが無難だろう。こうして、岡本半介は井伊氏家臣となったのである。

半介の諱は、初め正武《まさたけ》のち宣就で、通称は新八、号は喜庵・無名老翁などという。宣就も晩年に喜庵を名乗るので紛らわしいが、本条に登場する「喜庵」は、繰り返すがあくまで父実業のことである。関ヶ原の戦いでは母衣役を命じられ、朱地に金の乱星の替わり母衣を許され、使番《つかいばん》として活躍した。それにより、戦後は一五〇〇石を与えられたが、何があったのか、井伊家を離れて京都建仁寺《けんにんじ》の門前にしばらく蟄居したという。大坂の陣の直前になると、舅の上泉《かみいずみ》権右衛門が病死したため帰参し、大坂の陣では軍監《ぐんかん》として活躍した。大坂の陣後は用人役、さらに家老役を命じられ、三〇〇〇石を与えられた。主として江戸家老として藩政を取り仕切り、江戸城普請のための伊豆石出し惣奉行や江戸城本丸御手伝普請惣奉行などを務めている。

小幡氏歴代の墓　群馬県甘楽町・宝積寺

宣就は非常に多才だったようで、さまざまなものに通じていた。なかでも軍学者《ぐんがくしゃ》として大変著名である。半助は、上泉秀胤《ひでたね》から氏隆流の兵法《ひょうほう》を伝授されたといい、慶長六年（一六〇一）九月晦日付けの上泉秀胤印可状《いんかじょう》が残されている（「京都井伊美術館所蔵文書」）。また、大江軍礼《おおえぐんれい》にも通じており、後に井伊家の軍法《ぐんぽう》師範を命じられている。軍配《ぐんばい》兵法の古伝を集大成した『訓閲集《きんえつしゅう》』をはじめ多数の書物を残し、藩士はもちろん『甲陽軍鑑《こうようぐんかん》』の著者として有名な小幡景憲《かげのり》にも軍学を教授している。

そうした軍学や武芸のほかにも、書画・書道・茶道・歌道にも通じ、文武両道に長けた人であった。書画では多くの画賛作品を残しており、書道家としては嵯峨流《さがりゅう》の書を能《よ》くしたとされるが、大師流《だいしりゅう》の書家として名高いようである。また、宣就が大坂の陣時に着用していたという甲冑も現存している。

岡本氏は小幡氏の家臣であったことから、当時、吉政と実業は敵同士であったことになる。その戦いのなかで、吉政の働きぶりを実業は間近に見ていたのだろう。敵として相まみえていた両者が、これまた不思議な縁で彦根藩重臣としてともに井伊家を支えていくのであるから、歴史は面白い。

第四章　滝川一益と神流川の戦い

1. 沼田城の引き渡しで活躍

本能寺の変と東国

織田政権による東国支配がこのまま続いていくようにみえた矢先の天正十年（一五八二）六月二日、本能寺の変が起きた。信長の死という衝撃的な情報は、すぐさま各地へ広がっていき、東国もまた例外ではなかった。上野国にいた織田氏の重臣・滝川一益は、六月九日頃には知ったようで（諸説あり）、十二日には噂を聞いた上野国小泉城《こいずみ》（群馬県大泉町）の富岡六郎四郎に対して、京都の情勢は別状ないと伝えるなどして、対策を施している。

小田原の北条氏のもとへは、六月十一日までには情報が届いたようである。安房里見氏も、北条氏から六月十五日には情報を得ていた。この頃までには、信長の死という情報は東国諸領主にほぼ共有されたことになろう。

これをうけて、北条氏は動きを見せ始める。十一日には氏政が一益に書状を送り、協力を申し出ている。だが一方、翌十二日には早くも領国に軍勢の動員をかけており、一益に協力する気はさらさらなかったのである。こうした動きを一益も察知しており、かなりの危機感を抱いていたようである。だが、一益の敵は、北条氏だけではなかった。足下の上野国内でも、小規模ながら反乱が起こったのである。その様子を、「吉政覚書」から詳しくみてみよう。

武将間を取り持つ使いとしての活躍

第九条は、天正十年（一五八二）六月、本能寺の変直後の上野国沼田での出来事を詳細に記している。なお、先ほど見た安中での戦いの後、吉政は滝川一益の家臣となっている。北条氏照、氏邦、そして一益と、五年の間に三回主人を変えたことになる。

さて、吉政は一益の居城厩橋城から沼田城の滝川儀太夫のもとへ加勢として参上した。儀太夫は一益の弟で、諱は益重《ますしげ》（益氏《ますうじ》）といい、当時沼田城の守備を任されていた。そのとき、武田氏時代に沼田城代だった藤田信吉と滝川儀太夫の間でもめごとが起き、両者の間の使者を吉政が務めることになった。

いったい何が問題となっていたのかというと、沼田城の帰属をめぐる争いであった。信吉は「滝川一益殿は上方へ上られるので、私に沼田城を返していただきたい」と儀太夫に要望したが、儀太夫は「何事も厩橋にいる一益からの指示次第に城を明け渡す」と何度も主張して渡さなかった。吉政は、両者

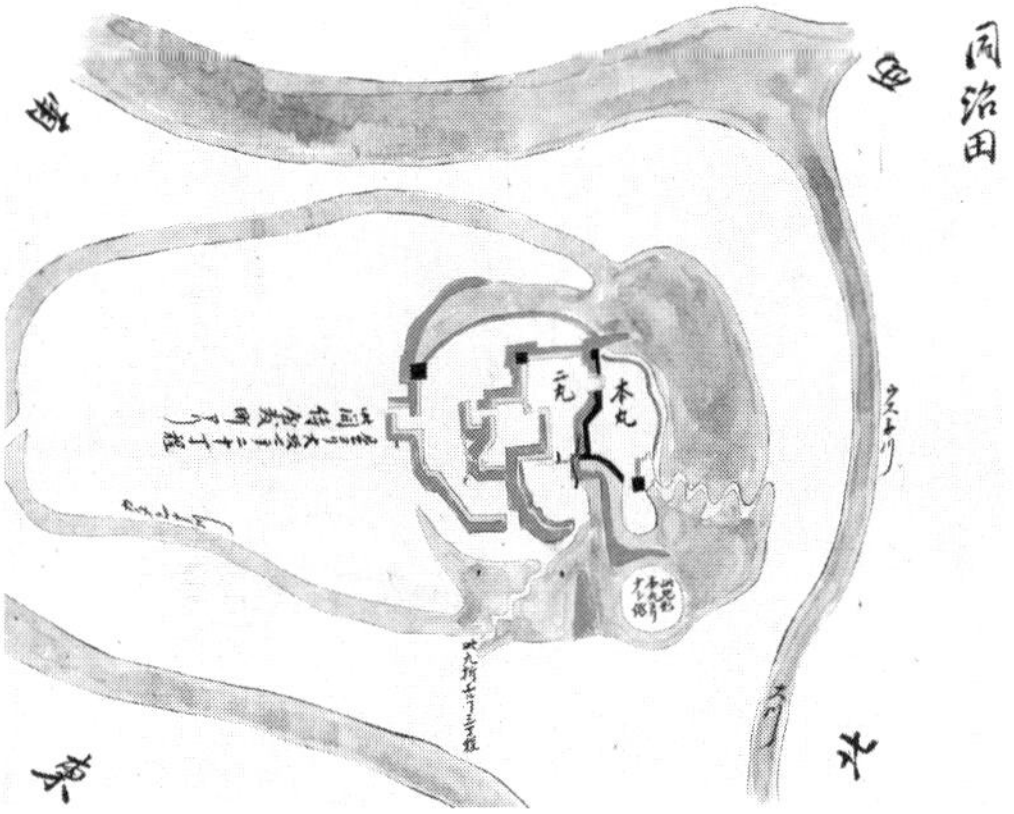

「近世城図」に描かれた沼田城　当社蔵

の間を取り持つ重要な役割を果たしていたのだが、最終的に沼田城は真田昌幸に渡されることが決定した。

それをうけて、六月十三日に昌幸が西上野・佐久・小県郡の軍勢を率いて城の受け取りにやってきた。そのときも、吉政が使者として働いている。真田方に城を渡す証しとするため、吉政は信吉のもとへ赴き、信吉とその家中の者たちに無理に城外へ備えを出させて、「もう城が渡される望みはないのだから、退かれるのがよい」とたびたび言い、さらに備えを出させて退かせた。そして、沼田城に戻ろうとしたとき、加勢の真田軍が敵方と誤って吉政を討ち取ろうということで、徒侍・馬ともに大勢で襲ってきたのである。

そこで吉政は、馬で肥田を乗り渡ってとある石塚に登り、「私は里見右衛門尉と申す者である。このごろ儀太夫と信吉との間にもめごとがあり、両者の間で使者を務めた。侍は相身互いなので、信吉を説得して無理やり退かせた。不当に何かと理由を付けて一鑓・一刀を交えるのであれば、それまでである。そうするのであれば、物頭の者と一戦を交えたい」

と大声で叫んだので、納得され、その場は済んだ。吉政を襲った軍勢の物頭は長根縫殿介《ながねぬいどののすけ》だった。

こうして吉政への疑いは晴れたため、再び沼田城に戻ろうしたところ、敵味方の区別がつかない状況のなか、結局襲われてしまうことになった。その際、吉政は良き武者と出会って随分と活躍をして、お互いが馬を出し合い、そのうえ馬を乗り捨てて敵が谷へ飛び込んだ。吉政も敵もろとも崖へ飛び込み、その下でついにその者を討ち取って、沼田城の本城へ参上したところ、儀太夫はひときわ満足の様子であった。儀太夫は「最近さまざまに活躍しているなか、今日の不慮の出来事には心配していたが、結構なる高名を挙げたこと、誠に素晴らしいことである」と、褒美の言葉を吉政に述べたという。吉政は、このことを今のように覚えていると述べている。

上野国沼田と藤田信吉

本条のもう一人の主役は、藤田信吉であるといえよう。信吉は、もともと武蔵国衆藤田氏の一族で、北条氏康の四男氏邦が藤田氏に養子入りし、当主となったことによってその家臣となった。先述したように、天正八年（一五八〇）段階では沼田城に在城していたが、同年六月から九月の間に武田氏に沼田城を明け渡し、その家臣となった。それまでは用土新六郎《ようどしんろくろう》と名乗っていたが、武田氏の家臣となってから藤田姓に改め能登守を名乗り、諱も信吉に改名したと考えられている。

同年十二月、武田勝頼は従属に対する恩賞として、信吉に一〇〇〇貫文および利根南雲・利根河東・

沼田を与えている。具体的な地名あるいは貫高が記されていないこともあり、基本的にはそれまでの領有をそのまま認められたものと考えられている。これをうけて、信吉は自身の家臣たちに所領を与えている。このように、信吉の沼田支配は大きく変わることがなかったようにみえる。

ただ、沼田城代となったのは真田昌幸であった。それにともない、信吉は沼田城から退去して近隣に居所を与えられたようである。また、昌幸は沼田・吾妻《あがつま》支配に関する行政支配権・軍事指揮権を武田氏からほぼ全面的に付与され、実質的な領域支配を担うようになった。信吉の立場も、それまでとまったく同じではなく、昌幸の指揮下に置かれるようになったといえる。そのような状況のなか、武田氏滅亡により滝川氏が沼田城を押さえ、さらに本能寺の変による混乱に乗じて、信吉は沼田城の奪還を目指したということになる。

沼田城奪還戦に敗れた信吉は、越後へ落ち延びていき上杉景勝に仕えた。その後は上杉氏の重臣として諸方面で活躍し、慶長三年（一五九八）の会津国替によって津川城《つがわ》（新潟県阿賀町）主として一一〇〇〇石、同心給《どうしんきゅう》三三〇〇石を与えられた。関ヶ原の戦い時には、景勝を徳川方に付かせようと奔走したが失敗したため、上杉家を出奔し、戦後に徳川家康の家臣となり、下野国西方（栃木県栃木市）一五〇〇〇石を知行した。しかし、大坂の陣における榊原康勝《さかきばらやすかつ》軍の指揮に不備があり改易され、その後ほどなく没している。

沼田城の帰属をめぐる新情報

本条は、本能寺の変直後の沼田地域の情勢を知るうえで、非常に重要な情報を提供してくれている。沼田地域は、後に秀吉と北条氏の間で大問題となる、いわゆる「沼田領問題」の舞台となる重要な地域である。そのため、それへと至る情勢の理解は当該期の政治史を考えるうえでも重要なのだが、とくに本能寺の変直後の情勢については史料が少なく、不明瞭な点が多かった。しかし、本条によってさまざまな新情報を得ることができる。

これまでは、『管窺武鑑』などの軍記物の記述に大きく拠るところが多かった。それによると、藤田信吉は沼田城奪還を目指して、滝川儀太夫に城の明け渡しを迫ったものの、儀太夫は、沼田城はもともと真田昌幸の城であり、昌幸から信長へ進上した経緯があるため、昌幸に返すのが筋であり、信吉に渡す謂われはないと一蹴した。そこで信吉は、上杉領国の越後国上田荘へ密かに連絡し、上杉氏に従属するので加勢をしてほしい旨を伝え、いったん沼田城を抜け出してから攻めかかった。儀太夫はこれをよく防戦し、やがて一益が加勢に駆け付けると攻略をあきらめ、越後へ落ち延びていったという。

このほか、上野武士の小野寺《おのでら》刑部左衛門の「戦功覚書」にも、この事件に関する記述がある（「小野寺安佐子家文書」「秋田藩家蔵文書」）。信吉が沼田城を攻めたとき、後詰として真田昌幸が出陣し、信吉は越後へ逃げていった。そのときに追い打ちをかけ、高名を上げたとしている。

以上の内容は、おおむね「吉政覚書」と同じである。そのため、こうした出来事があったこと自体は事実と考えてよいだろう。ただ、「吉政覚書」の方がより細部にわたって記されており、一部異なる事実が記されている部分もあり興味深い。とくに、信吉と儀太夫が問答を行い、その調停役を吉政がしていたことや、吉政が信吉に沼田城外へ出るよう説得していること、信吉が沼田城を攻めたというよりも、真田軍が城外へ出た藤田軍に対して攻撃をしかけていることとは、『管窺武鑑』などとは大きく異なる点である。どちらが事実なのかはわからないが、本書では「吉政覚書」の内容に従っておきたい。

また、やや細かいことだが、真田昌幸が六月十三日に沼田城を受け取ったという事実が明らかになったことも大きい。これまでも、昌幸が沼田城を六月中に再び手中に収めたこと自体は知られていたが、具体的な時期までは明らかになっていなかった。それが六月十三日と判明したことにより、上野国をめぐる当時の政治情勢や「沼田領問題」の展開過程を、より正確に理解できるようになったのである。

2. 復元が始まった神流川の戦い

北条・滝川が激突した神流川の戦い

沼田城をめぐる紛争は片付いたものの、それをはるかに凌駕する事態が起きつつあった。北条氏の大軍が、上野国に向かって出陣したのである。滝川一益もそれを覚悟しており、早速上野国・下野国の諸領主に軍勢動員をかけ、ついに両者は六月十八日・十九日の二日間にわたって、上野・武蔵国境で激突することになった。これが、世にいう神流川《かんながわ》の戦いである。

すでに十六日に上野国倉賀野《くらがの》（群馬県高崎市）で前哨戦が起きていたが、合戦の展開を詳しく記している「某書状案」（「松平義行氏所蔵文書」）によると、十八日に北条氏邦軍と滝川軍が金窪《かなくぼ》、本庄原《ほんじょうはら》（埼玉県本庄市）で本格的に激突した。これにより、滝川軍は鉢形衆《はちがたしゅう》三〇〇余人を討ち取り、勝利を挙げた。

いったん引き上げた氏邦は、総大将である北条氏直《うじなお》の大軍の到着を待ち、翌十九日に改めて合戦に及んだ。このときも、当初は滝川軍が優勢だったようだが、北条軍は陣城《じんじろ》へ滝川軍をおびき寄せると、後陣が一気に攻めかかり、滝川軍は大敗した。一益は命からがら箕輪城まで逃げ帰り、上野国衆の人質を伴いながら、早くも翌二十日に信濃国へ向かい、そのまま尾張国・伊勢国方面を目指して落ちていった。

「吉政覚書」第十条は、神流川の戦いに関する記述となっている。神流川の戦いで吉政はどのような活躍をしたのだろうか。

滝川一益の側で使者や物見を務める

天正十年（一五八二）六月十九日、滝川一益と北条軍は、武蔵国の「さい田か原」にて激突した。朝の合戦では滝川方が大勝したが、先衆が引き上げに手間取っていたため、一益は吉政を使者として前線に派遣した。さらにその後、物見《ものみ》としても派遣された。このように、神流川の戦いにおいて吉政は、実際に戦場で戦うことはなく、使者や物見として活躍していたことになる。

さて、この合戦について、「吉政覚書」には「両度」や「朝合戦」「二番合戦」とあることから、二度の大きな衝突があったようだ。後世の編纂物ではあるが、「滝川一益事書」でも、十九日未明の合戦を「朝合戦」と表現しているので、やはり本条は十九日の戦いのことを記していると考えられる。

その両方の合戦に使者や物見として働いたので、吉政は合戦の内容をよく知っていると述べている。そして、「二番合戦」で「懸口」、すなわち合戦の仕掛け始めでは、それほど役に立つようなことはしなかったものの、一益に随分とよく奉公をしたのだ、だから今でもそのことをよく知っている人がいると述べている。ここからも、実際に戦

滝川一益　『肖像集』　国立国会図書館蔵

うというよりは、一益の側で相応の働きをしていたということがうかがわれる。

なお、最後の一文は難解で、筆者は十分理解できていない。「懸り口」の際に、吉政は自分（あるいは敵か）の馬を負傷させてしまったようだ。そして、本戦のときと同じように一度馬から降りたが、再び乗ったというのである。当初は下馬して対応に当たっていたが、戦況の変化によって乗馬して戦ったということなのだろうか。

神流川の戦いを復元する

神流川の戦いに関する専論は、これまでほとんどなかったといってよい状況であった。しかし、近年開催された群馬県立歴史博物館の企画展「織田信長と上野国」により、合戦の詳細が検討された。これを参考にしつつ、いまだ取り上げられていない史料も使いながら、この合戦の具体像をさらに検討してみよう。

この合戦について記された当時の文書史料は、（天正十年）六月二十一日付け北条氏邦感状写（「武州文書」）と、（天正十年）六月二十日付け天徳寺宝衍《てんとくじほうえん》書状写（「佐竹文書」）、八（六）月二十四日付け北条氏政書状写（「諸家所蔵文書」）の三点のみである。一点目には、十八日に「神流川」で合戦があり、岩田河内が敵の篠岡勘十郎を討ち取ったとある。二点目では、滝川軍が上野国和田へ出陣したところ、北条氏邦率いる鉢形衆が攻めてきたが、返り討ちにして多数を討ち取ったとしている。三点目には、氏直が初めて総大将として臨んだ戦いで、敵三〇〇〇余人を討ち取ったとある。桶狭間《おけはざま》の戦いや川中島の戦いなど、歴史上有名な大規模な合戦に関する史料は意外に残っていないものなのだが、神流川の戦いもまた同様であるといえよう。

ただ、当時の文書史料や軍記物以外にも、有力な情報源となる史料は存在する。それが、「吉政覚書」のように、合戦当事者や関係者が残した記録類である。群馬県立歴史博物館の図録では、前掲の「某書状案」と「反町大膳助申状案」、「石川忠総留書《いしかわただふさとめがき》」の三点がそれに該当するという。このほか、前掲した猪俣邦憲と一族の富永清兵衛、その関係者と思われる某氏の「戦功覚書」(「東京大学史料編纂所蔵猪俣文書」)、上野武士の辻加賀守吉助の「戦功覚書」(「辻加賀守高名覚書写」。「雞肋編」)、さらには「反町大膳助申状案」とは別の「反町大膳訴状」(『続群書類従』)などにも記載がある。これらに「吉政覚書」、さらには先述した「滝川一益事書」を加えることができるだろう。

なかでも「某書状案」は、筆者不明なものの、合戦当時からさほど時間が経っていない段階で記されたものと思われ、比較的に史料的価値は高いものといえる。

戦いの場所として、具体的に名前が知られているのは、「かなくほの原」(「反町大膳助申状案」)、「金窪原」(「反町大膳訴状」)、「かなくほ本庄之原」(「某書状案」)、「てし川原」(勅使河原。「辻加賀守高名覚書写」)、「ひさいと原」(『深谷記』)などである。これに、「吉政覚書」の「さい田か原」を加えることができる。「さい田か原」がどこを指すのか不明だが、「か原」は「河原」であると考えられるので、神流川の河原のどこかということになろうか。

だがもう一つ、合戦が行われた場所を示す未紹介史料がある。東京大学史料編纂所所蔵の謄写本「諸家所蔵文書（二）」（彰考館文庫。請求番号二〇一七・三一―七）である。水戸藩士関係の文書群のようで、このなかに、やはり近世初頭に記された合戦当事者の武士による「戦功覚書」の写しが残されているのである。

具体的には、水戸藩の岡崎平兵衛組に所属する小田源太左衛門・池上新右衛門・嶋村図書の三名で、いずれも北条軍の一員として滝川一益との「上州安保之原」の合戦で敵一人を討ち取ったと記されている。「上州」とはあるものの、武蔵国安保《あぼ》と考えて問題なかろう。安保は、現在の埼玉県神川町元阿保周辺と考えられ、武蔵七党《むさししちとう》の安保氏の出身地として有名である。神流川流域であり、これまで知られている戦場よりやや南側の地域である。

これまでの研究では、「安保之原」で合戦があったことは知られてないようであるが、神川町元阿保に隣接する上里町の上松寺《じょうしょうじ》や吉祥院《きっしょういん》真光寺《しんこうじ》、浮浜《うきはま》城は戦火にあったという伝承が存在しているという。そうなると、この辺りも含めて「安保之原」であり、実際に合戦があった可能性が高くなろう。この合戦が起きたのは十八日か十九日か、どちらなのかも不明だが、これが事実だとすると、神流川の戦いは神流川流域の各所で広範囲にわたって行われたことになる。

次に合戦の実態についてであるが、先述したように「某書状案」によれば、六月十六日にまず神流川の対岸である倉賀野（群馬県高崎市）で一戦があり、その後十八日に「かなくほ　本庄之原」で本格的に激突し、滝川方が鉢形衆三〇〇余人を討ち取ったとしている。翌十九日の合戦でも滝川軍有利に進んだものの、北条軍が陣城へ滝川軍をおびき寄せて後陣により切り崩すことに成功し、滝川軍は神流川を渡って惣社《そうじゃ》・箕輪付近まで撤退したとしている。なお、「反町大膳助申状」は金窪原での合戦について簡単に記す程度である。また、前掲した某氏の「戦功覚書」には、「さゝおか市兵衛」なるものを討ち取ったと記されている。

「石川忠総留書」も、合戦の様子を詳しく記している。十八日の合戦では、「武州神名川の辺」で両軍が激突し、滝川方が勝利して北条氏邦の軍勢の首六〇〇余を討ち取ったという。翌十九日には二度目の合戦があり、戦意を喪失しつつあった上野国衆をはじめとした関東衆に代わって滝川一益の旗本を中心とした軍勢が北条軍に突撃し、大敗したとしている。

一方、「吉政覚書」では、十九日に二回合戦があったように記されている。「某書状案」によれば、十九日の合戦は当初は滝川軍が優勢に進め、後に北条軍が逆転したとされていることから、「吉政覚書」の記述もこのことを指している可能性が高い。前掲「滝川一益事書」でも、「朝合戦」とその後の合戦の様子が記されていた。つまり、滝川軍が優勢であったのは「朝合戦」であり、その後の「二番合戦」で北条軍が逆転したということになろうか。

第五章　信長の「惣無事」崩壊と東国情勢

1．東国を揺るがす天正壬午の乱

天正壬午の乱とは

神流川の戦いで滝川一益を破った北条氏は、勢いそのままに上野国を平定し、一気に信濃国へと進出した。ほぼ同時に、和泉国の堺（大阪府堺市）に滞在中だった徳川家康も命からがら領国へ逃げ帰り、すぐさま駿河国から甲斐国へと進出を開始した。さらに北信濃へは、越中国方面での織田勢の脅威がなくなった上杉景勝が進出を開始した。こうして、信長在世時の「惣無事」たる秩序は崩壊し、北条・徳川・上杉の三大名を軸とした、大規模な旧武田領国争奪戦が始まったのである。この一連の戦いのことを、天正壬午《てんしょうじんご》の乱《らん》と呼ぶ。

天正壬午の乱については近年、平山優氏により全体像が明らかにされつつある。平山氏の言を借りれば、同乱は「単なる東国の局地的戦乱ではなく、天下統一に至る政治・軍事局面を規定し続けた画期的な事件であり、また徳川家康を豊臣政権において重きをなす地位に押し上げる背景ともなった」

出来事であった。旧武田領国全体が舞台となっており、各地でさまざまな思惑をもった勢力がぶつかり合い、離合集散を繰り返して全体の戦局を複雑極まりないものとしていった。

戦いは、北条氏が信濃国へ進出してから激しさを増す。北条氏は、早くも六月十九日には小県郡の室賀《むろが》兵部と埴科《はにしな》郡の出浦《いでうら》対馬守、屋代秀正《やしろひでまさ》など信濃国衆への調略を開始しており、態勢を着実に固めた七月十二日、ついに北条氏直が碓氷《うすい》峠を越えて信濃へ入国した。すると、瞬く間に真田氏をはじめとした多くの国衆が出仕ないし服属の意を表明してきた。そして、要衝小諸《こもろ》城（長野県小諸市）ほかを次々と接収するなど、北条氏は佐久郡の制圧を一気に進めていったのである。

だが、徳川方の依田信蕃《よだのぶしげ》が春日《かすが》城・三沢小屋《みさわごや》（同佐久市）を拠点に激しく抵抗し、完全な制圧はできないままであった。そのため、依田方を攻撃しつつも、氏直自身は大軍を率いて数日後には川中島方面へ出陣していった。当時、川中島の要衝海津《かいづ》城（長野市）には、上杉景勝が在城していた。上杉氏もまた、北信濃国衆への調略を行い、同地域を制圧しつつあったのである。こうして、両者は川中島で相まみえることになったのである。

しかし、実際に両者が直接激突することはなく、にらみ合いが続いた。そうこうしているうちに、もう一人の主役である徳川家康が甲斐国府中（甲府市）や新府《しんぷ》（山梨県韮崎市）を押さえ、信濃国へも触手を伸ばしてきたため、北条氏は七月十九日頃には川中島から撤退し、一気に甲斐へと南下していった。北条軍と徳川軍は、最終的に甲斐国若神子《わかみこ》・新府周辺で対峙することになり、たびたび小競り合いが行われた。

そのようななか、八月十九日に起きた甲斐国郡内《ぐんない》の黒駒《くろこま》の戦いで北条軍が敗れ、佐竹氏ら北関東の反北条氏勢力と家康との連携が進められ、さらに乱の終盤の十月十九日までに真田昌幸が徳川方へ鞍替えし、北条軍の後方支援を断つ行動に出るなどしたため、北条軍は劣勢に立たされるようになっていった。そのため、北条氏直は家康と和睦することを決心し、交渉が進められた。家康のほうも、信長亡き後の織田政権の内部争いへ対応する必要が出てきていたことからこれを受け入れ、十月二十九日に正式に和睦が成立し、両者は一転して同盟関係を築くのである。それでもなお、各地で紛争は続いていたが、これをもって、基本的には天正壬午の乱は終結したものと評価されている。

北条軍、川中島へ出陣

第十一条では、北条軍の信濃国進出と、それにともなう川中島での上杉軍との対峙の様子が詳細に記されている。要するに、天正壬午の乱初期の話ということになる。

滝川一益が上方へと帰っていった後、北条氏の大軍が碓氷峠を越えて信濃国へ乱入し、川中島まで軍勢を派遣した。ちょうどその頃、真田昌幸の弟である真田隠岐守（加津野昌春《かづのまさはる》）は、川中島からそう遠くない山中に位置する武田氏の重要支城・牧之島城《まきのしま》（長野市）へ乗り込み居座っていたが、越後からは上杉景勝が川中島へ出陣し、徳川家康も信濃国諏訪（長野県諏訪市）まで出陣してきたことから、氏直は昌春を牧之島城から引き取ろうと画策した。そのための軍勢をある日の夜中に出したのだが、その際の陣立ては、信濃侍十三頭のうち、先手に真田昌幸、二番に内藤大和、三番に小幡、四番に安中、五番に和田というもので、川中島の八幡原（同千曲市）に備えを立てた。

ところが、その夜に「夜崩」なることが起きてしまう。自分はそれほど年寄でもないが、そのようなことはお構いなしに安中の使者として今後のためにと小幡のもとへ出向いて挨拶をし、また、安中のもとへ戻って小幡へ見舞いをするべきだと進言した。これを聞き入れた安中は、吉政と一緒に小幡のもとへ出向くと、小幡からは「大変奇特なことである」と、安中に対して褒美の言葉をかけた。さらに、小幡は安中に羽織と腰物を与え、安中からは小幡に鷹や腰物を進上したという。

今回の合戦については、安中から頼られたので同陣した。その頃は里見右衛門佐と名乗っていた。安中からは、吉政の心がけによって小幡から褒美を頂くことができて大変嬉しく思うという言葉をかけられた。「虎口の儀」は大事なことであるので、子孫の者たちもこのことを心がけておくように、と述べて終えている。

見直しが進む北信濃情勢

第十一条の内容は、これまで詳細が不明であった天正壬午の乱初期の北信濃情勢、なかでも北条氏直と上杉景勝の川中島における対陣の様子を解明してくれる貴重なものとなっている。この点についても平山優氏が言及しているので、それを参考に改めてまとめてみたい。

北条軍が川中島へ進出した正確な時期はわかっていないが、七月十二日に碓氷峠を越えていることが確認でき、十九日には川中島から撤退したとされているので、十四日あたりの可能性が高いだろうか。北条軍は、八幡（長野県千曲市）に在陣したという。軍記物などによると、上杉方の海津城主・春日信達《のぶたつ》が北条氏に内通しており、挟撃して一気に上杉軍を殲滅させるという計画であった。ところが、この計画は直前に露見してしまい、信達は処刑されてしまう。そのことを知らなかった北条軍は、七月十四日に川中島へ向かい、千曲川《ちくまがわ》を挟んで上杉軍と対峙したが、数日後に信達の死を知り、身動きがとれなくなってしまった。

そのような状況のなか、新たな動きが出てきた。北条方として行動していた真田昌幸が、上杉方として行動していた弟の加津野昌春に対して、ひそかに上杉方の切り崩し工作を仕掛けていたのである。ところが、これもほどなく露見してしまい、山田右近尉らによって追放されてしまった。これにより、ますます身動きがとれなくなった北条軍は、結局上杉軍と正面衝突することなく、七月十九日頃に撤退を開始し、甲斐へと向かっていったのである。

以上のような流れはこれまで知られていたが、「吉政覚書」によって、さらに詳細が明らかになったといえる。まず、加津野昌春が当時どこにいたのか不明であったが、牧之島城に在城していたことが判明した。牧之島城は、武田氏の拠点城郭の一つとして著名である。おそらく、武田氏滅亡後の混

牧之島城跡の三日月堀　長野市

乱のなかで上杉軍が奪取したのだろう。そして、天正壬午の乱勃発当初の一時期、真田氏は上杉氏に従属していたので、昌春もそれに従い、牧之島城に在城することになったと考えられる。北条氏は、真田昌幸を通じて海津城と牧之島城へ調略を仕掛けていたことになる。

また、本条では北条氏が昌春を「引取」ろうとしていたとする。平山氏はこの「引取」を、牧之島城を乗っ取るための行動としているが、「山中より」とあることから、昌春を牧之島城から脱出させ、自陣に加えることを指すのかもしれない。それはともかく、北条軍は夜に備えを出して牧之島城に向かっていったのである。

ところが、そこで「夜崩」なる出来事が起きてしまった。「夜崩」とは聞き慣れない言葉だが、前後の文脈から考えて、夜に移動した軍勢が作戦失敗により撤退したことを意味していると思われる。平山氏はその原因を、先ほど述べた山田右近尉による昌春追放劇とみている。これを直前に知った北条軍は、慌てて陣形を崩して夜道を逃げ帰ったと考えられ、それを「夜崩」と表現したと思われる。「虎口の儀」というのも、そのような危機的な状況のことを指すのだろう。その際に、無事退却できるようにということだろうか、吉政は安中氏と小幡氏の間を取り持つ行動をして、安中氏から褒美の言葉をかけられたのである。

なお、本条に登場する「信濃侍十三頭」だが、同年七月十八日付けの北条氏邦家臣黒澤繁信書状写に「くに衆真田・高坂・塩田其外信州衆十三頭」が出仕してきたとあるので、彼らのことを指すと思われる（「甲斐国志付録三」）。内藤・小幡・安中・和田ら上野国衆と、真田ら信濃国衆が中心となって布陣していたのだろう。

2. 金山城攻めでの死骸の引っ張り合い

天正壬午の乱後の東国

先ほども述べたように、天正壬午の乱は天正十年（一五八二）十月二十九日に北条氏と徳川氏が和睦し、同盟を締結することによって終結した。同盟締結にともなって国分《くにわけ》協定も締結され、信濃国は徳川氏、上野国は北条氏が領有することになった。当時、上野国では徳川方となっていた真田昌幸が、沼田城や岩櫃《いわびつ》城（群馬県東吾妻町）を拠点としながら北条氏の攻撃を防いでいた。しかし、国分協定によって上野国が北条氏に渡されてしまったことにより、北条氏の攻勢は一挙に強化されてしまったのである。

同年閏十二月下旬、北条氏は早くも沼田・岩櫃両城の中間に位置する中山城《なかやま》（群馬県高山村）を攻撃し、ほどなく攻略した。このときに北条氏は、厩橋城の北条芳林《きたじょうほうりん》・弥五郎《やごろう》父子に対して参陣を命じたが、芳林は上杉氏に通じていたためこれを拒否し、北条氏に「手切」をした。これをうけて、翌年正月十七日に北条氏政自身が厩橋城を攻撃したが手こずり、さらに佐竹氏ら反北条連合軍が下野国佐野《さの》・皆川《みながわ》方面へ後詰のため出陣してきたこともあり、二月上旬には厩橋城攻略を諦め撤退した。

その後、北条氏は着々と上野国計略を進め、沼田城に迫りながら、厩橋北条方の城を次々と攻略していった。北条芳林らは上杉景勝に早期の越山《えつざん》を要請するも、景勝は信州情勢や越中国の佐々成政《さっさなりまさ》、下越の新発田《しばた》重家《しげいえ》の動きにも対応しなければならない状況であり、とても越山できる余力はなかった。佐竹氏らの援軍も十分に届くことはなく、ついに九月十八日、芳林は厩橋城を開城し、近隣の大胡城《おおご》（前橋市）へ退去した。これにより、芳林は家督を弥五郎景広《かげひろ》に譲り渡し、北条姓をやめて毛利姓を名乗るようになった。

要衝厩橋城の開城により、俄然勢いづいた北条氏は、沼田城攻略に向かおうとしたが、ここで予想しなかった事態が発生した。翌十月中に、上野国金山城《かなやま》（群馬県太田市）の由良国繁《ゆらくにしげ》と館林城《たてばやし》（同館林市）の長尾《ながお》顕長《あきなが》兄弟が、突如北条氏に対して謀反を起こしたのである。両者の離反の経緯を示す一次史料は存在しないが、「石川忠総留書」によると、厩橋城攻略の祝儀を北条氏直に言上するために両者が厩橋城に出仕したところ、氏直から両者の居城の借用を求められた。両者は、それに承諾したものの、家臣たちが誤って所領没収ととらえ、籠城の支度を始めたために、両者は北条氏から謀反の疑いをかけられ身柄を拘束され、小田原へ連行されてしまったというのである。

結局、由良・長尾氏は両者の母である妙印尼を中心に北条氏と「手切」することとなり、佐竹氏らと連携しつつ、以後、東上野や下野国を舞台に激戦を繰り広げていくことになった。

金山城攻めが行われたのはいつか

第十二条は、まさに由良・長尾両氏が北条氏と敵対した直後の状況を記している。一次史料では具体的には確認できないが、本条によると、天正十一年（一五八三）十一月二十八日に北条氏によって金山城攻めが行われたことがわかる。この金山城攻めは、後述するように、実はほかの「戦功覚書」にもたびたび登場しており、明らかに北条氏直の時期の出来事として記されている。氏直による攻撃ということは、状況的に天正十一年か十二年しか考えられないが、これまではその具体的な時期がわからなかった。それが、「吉政覚書」によって初めて明らかになったといえる。

これと関連する史料としては、天正十一年十一月八日付けで小泉城主富岡《とみおか》六郎四郎宛てに出された北条氏直判物写および北条家朱印状写（「小林文書」）がある。そこでは、「新田領《にったりょう》」は「当敵」であることや、「金山本意」のうえで知行を遣わすことなどが記されている。敵となった金山城主由良氏との戦いが間近に迫っている様子がうかがえよう。「石川忠総留書」にも、やはり由良・長尾氏の事件が起きた直後に、氏直が厩橋から直に金山城を攻撃したと記されている。

ただ、これまで知られている当時の情勢とは若干の齟齬が出てしまう。同時期の史料によると、由良・長尾両氏は十一月二十七日に北条方の国衆富岡氏の小泉城を攻めていることが確認できる（「原文書」）。無年号文書ではあるが、内容や差出所の氏直の花押型から、これまでは天正十一年に比定されている。本文書には、北条氏による金山城攻めのことについては一切記されていない。十一月二十八日に金山城を攻められながら、その前日の二十七日に由良・長尾両氏が小泉城を攻撃しているということ自体、状況的に厳しいものがあるように思える。ここでは、ひとまず「吉政覚書」の年月日に従い、その内容に耳を傾けてみよう。

金山城跡　群馬県太田市

さて、城攻めの様子は以下の通りである。新田金山城の「本丸」の「とんてい（呑嶺）」という所に、新田三蔵院《さんぞういん》の屋敷と、その向かいに小金井《こがねい》越前という人の屋敷があったのだが、そこを敵である由良軍が固めて防戦したため、やがて北条軍は崩れてしまい、辻屋敷という所まで六・七町ほど敵が気負って追撃してきた。そのとき、江戸衆遠山《とおやま》氏の同心で、当時の人々に名が知られていた中条《ちゅうじょう》出羽守という武士が討ち死にしてしまった。

吉政はちょうどその場にいたようで、いろいろと尽力したという。敵方へ中条の首を取らせてはならないと思い、中条の死骸を引っ張って引き取ろうとしたのだが、敵も死骸を引っ張ってきた。お互い引っ張り合いをしているうちに、ついに吉政が引っ張り勝ち、中条の首が敵に取られることを見事防ぐことができ、思い通りになった。吉政は、これは武士として当然の苦労をしたまでであると誇らしげに述べている。

さて、ここで注目したいのが、中条出羽守が討ち死にしたという情報である。彼は、『小田原衆所領役帳』など当時の史料にも登場する実在の人物で、永禄から天正期にかけて、どうやら二世代にわたって出羽守を名乗っているようである。実は、彼は鎌倉の『妙本寺大堂常什回向帳』という史料に登場し、「天正十一癸未十月」の二十八日に「新田討死」と記されているのである。おそらく、彼が金山城攻めで討ち死にしたことは事実なのだろう。そして、「十月」とあることから「吉政覚書」の記載も十月の誤りである可能性が高いのではないか。四日前の十月二十四日に、金山城近辺の坂田(群馬県大泉町)・飯塚(同太田市)に北条氏の禁制が出されていることも、それを示唆する(「坂田文書」ほか)。

そうじて、この時期の金山城をめぐる状況には不明瞭な点が多いが、当時の状況が徐々に明らかになってきたといえよう。

新田金山城の構造

第十二条の内容を理解するためには、金山城の構造を理解しておく必要がある。この点を確認しておこう。

金山城は、文明元年（一四六九）に岩松家純《いわまついえずみ》によって築城された山城である。膝下にある有力寺院長楽寺《ちょうらくじ》の住職松陰《しょういん》が記した『松陰私語《しょういんしご》』によると、七十余日を経て一通り完成し、およそ三ヶ月後に正式に居住するようになっている。その後、由良氏の居城として順次拡張されていったが、天正十三年に由良国繁が北条氏に従属すると北条氏直轄の城となり、大規模な普請が行われている。そして、天正十八年の小田原合戦により廃城となったとされているが、直後に館林に入部した徳川氏の家臣・榊原康政《さかきばらやすまさ》によって使用・改修された可能性も捨て切れていない。いずれにせよ、一五九〇年代には廃城となったと思われる。

それでは、戦国末期の金山城の構造を確認しよう。中心部の中核地区は、実城《みじょう》・二ノ郭・三ノ郭・御台所郭・釘貫《くぎぬき》・馬場下・西櫓郭・鍛冶郭・東櫓などからなる山頂近辺の郭群である。金山城の象徴である日ノ池・月ノ池も所在する。長楽寺の住職義哲《ぎてつ》により永禄年間に記された『長楽寺永禄日記』からも、城主由良成繁《なりしげ》の館「実城」や家臣団、寺社の屋敷・山小屋があったことが確認できる。

西側地区は、中核地区の西の尾根続きに位置し、西城を中心とした郭群である。西城は、天正十三年の北条氏の文書で「西城」（「群馬県庁所蔵文書」）と登場するものに相当すると考えられる。北側地

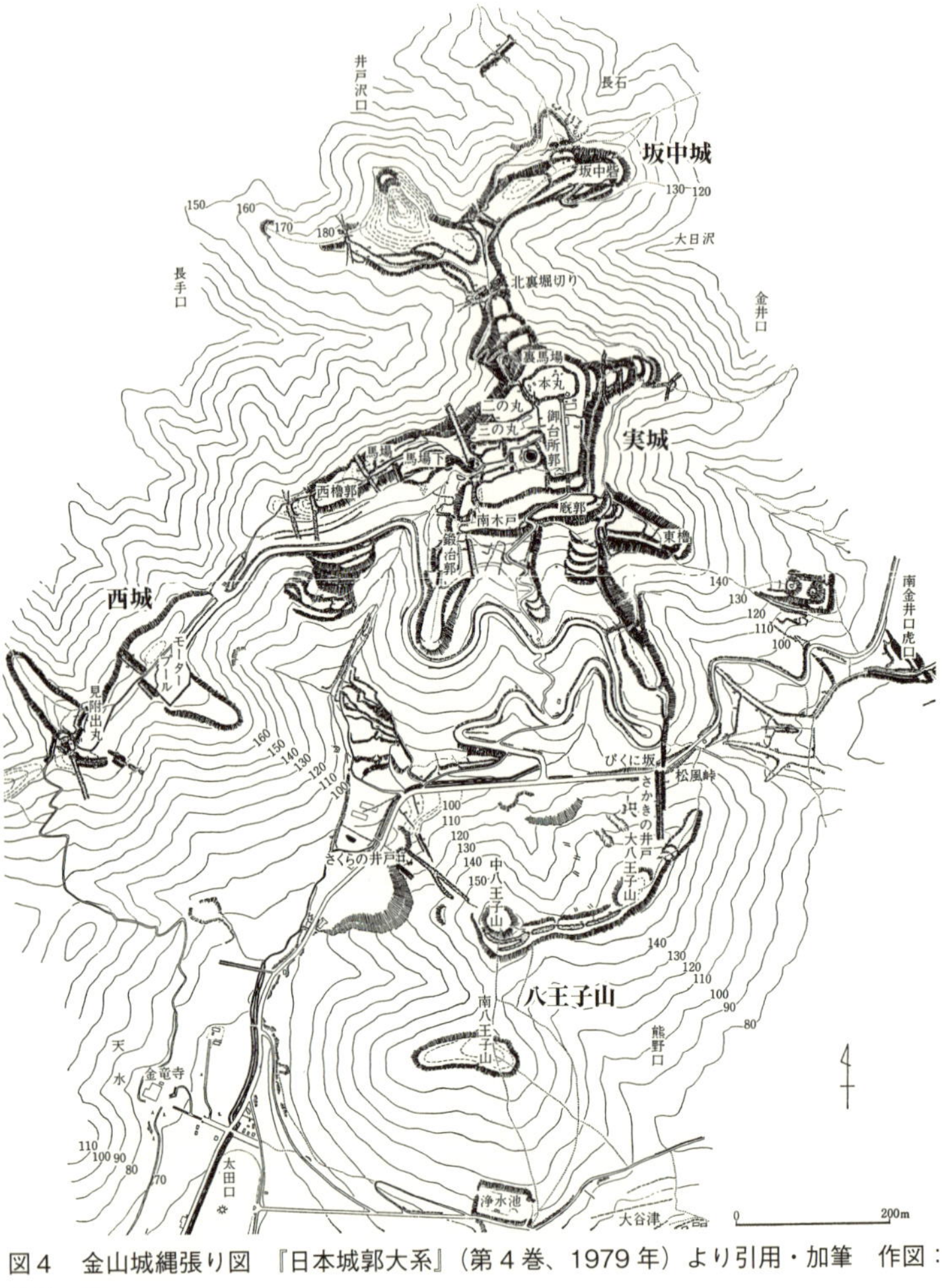

図4　金山城縄張り図　『日本城郭大系』（第４巻、1979 年）より引用・加筆　作図：山崎一氏

区は、通称坂中城《さかなか》と呼ばれる曲輪を中心とした郭群である。坂中城も、『長楽寺永禄日記』に成繁の息子国繁が居住する「坂中御入」として登場する。天正十三年の北条氏の文書に登場する「北曲輪」（「宇津木文書」）も、坂中城のことを指すと思われる。

八王子山《はちおうじやま》地区は中核部の南側に位置し、大八王子山、中八王子山、小（南）八王子山の三つのピークからなる郭群である。中核地区とは谷を挟んで独立した山となっており、中核地区から南への展望を遮るように聳《そび》えている。そして南側山麓地区は、根小屋《ねごや》に相当する部分である。南北に長い谷となっており、岩松氏の館を継承した由良成繁の館である「呑嶺御屋形《どんれい》」や息子国繁の「御入」の館（ともに金竜寺《きんりゅうじ》付近）をはじめとした武家屋敷が立ち並んでいたものと思われる。『松陰私語』には、「呑嶺坂」なる坂道が登場するが、おそらくこの谷を南北に中核部方面へ登っていく坂道に相当するのだろう。また、天正十三年の北条氏の文書に登場する「根曲輪」（「富田仙助氏所蔵文書」）も、この地区のどこかだと思われる。

以上が金山城のおおよその構造であるが、「吉政覚書」の内容と比較すると、何が指摘できるだろうか。まず、「吉政覚書」に登場する「どんてい」＝「呑嶺」である。「本丸」と記されているものの、上記のように「呑嶺」は中核地区ではなく南側山麓地区にあった曲輪とされている。しかし、戦国末期には別の場所も「呑嶺」と呼ばれていた可能性がある。

実は、「吉政覚書」と同じ金山城攻防戦を記したと思われる「戦功覚書」が、ほかにも三点残されている。それが、前掲した北条氏重臣・猪俣邦憲（弟の富永勘解由左衛門も同陣）と西上野の武士・富永清兵衛、それに荒木主水佑の「戦功覚書」である（「東京大学史料編纂所所蔵猪俣文書」、「荒木文書」）。猪俣邦憲の「戦功覚書」には、「新田のどんでいと申す所にてせり合い、敵は屋はと申す人相手にて、是にても鑓御座候つる、新田城主は四郎殿」とある。富永清兵衛の「戦功覚書」には、「新田どんでいと申す山にてとり合い御座候、敵は屋場と申す人にて御座候、鑓も御座候つる、これ即ち鑓比べの事」とある。

ここで注目すべきは、富永の「戦功覚書」に「呑嶺」は「山」であると記されている点で、これまで知られている南麓の「呑嶺」とはどうも異なるようである。これに関連して、荒木主水佑の「戦功覚書」には、「新田の城へ氏直公御取り詰め成され候砌、南方山峰にて味方八《（鉢形）》万衆富永勘解由左衛門・上泉主水と申す者、敵と懸け合い上げ兼ね申し候故」とあることに注意したい。この戦いの時期は不明だが、前後の内容や富永勘解由左衛門が登場することから、やはり同じ戦いのことを記していることになる。そうなると、「南方山峰」とは「呑嶺」のことを指すと考えられる。そして、「南方山峰」に相当する場所は、八王子山地区としか考えられない。つまり、戦国末期には八王子山地区が「呑嶺」と呼ばれていた可能性が出てくるのである。

ただ、「吉政覚書」では、「呑嶺」に新田三蔵院や小金井越前の屋敷などが建ち並んでいた様子が記されている。八王子山地区のうち、大八王子山から中八王子山にかけては、屋敷が建ち並ぶような細かい曲輪割りとはなっておらず、自然地形を利用しながら長大な横堀を設ける構造となっている。そのため、強いていえば小（南）八王子山が該当するだろうか。この点で、やはり中核地区のほうが適当な場所であり、やや疑問が残ってしまう。また、「本丸」という表現もどうしても気になるところである。

金山城は、比較的に関連史料が豊富な城なのだが、それでも残念ながらこれ以上のことを明らかにすることはできない。今後の検討に委ねたい。

死骸や負傷者を引っ張り合う武士たち

本条で面白いのは、討たれた者の死骸を敵・味方で引っ張り合いをしていることである。敵としては首や身につけているものを取りたいということで引っ張り、味方としてはそうはさせまいということで引っ張っているのだろう。あまり想像したくない光景だが、実は死骸、あるいは負傷者を引っ張り合うという光景は、ほかの「戦功覚書」にもしばしばみられるのである。

天正期の出来事だろうか、陸奥の大名・大崎義隆《おおさきよしたか》の家臣である伊藤仁右衛門尉は、ある合戦で深手を負ってしまい、身動きが取れなくなってしまったらしい。そうしたところ、敵に「たぶさ」（手首、腕）を取られ引っ張られたのだが、味方も仁右衛門尉の足を取って引っ張り、ついに味方が引き勝ってくれたおかげで命拾いしている（「雞肋編」）。

同じく大崎義隆の家臣・城生《じょう》志摩は、伊達政宗の家臣・河西刑部という馬上侍を鉄炮で撃ち落としたので走り寄り、兜にすがったが、敵が河西の足にすがったため引っ張り合いになった。敵のほうが大勢であったため、結局引き負けてしまい、兜と小旗だけ奪い取ったのだという（「雞肋編」）。

ほかにも類似する例がある。上杉景勝の家臣・熊木《くまき》長左衛門尉は、慶長五年（一六〇〇）の「北の関ヶ原」時に出羽国谷地《やち》城（山形県河北町）にて最上軍と戦ったが、その際に敵を鑓で討ち取って首を取ろうとした。ところが、敵が押し返してきて、その者の死骸を引いていったので、再び突いて出てようやく首を取っている（「雞肋編」）。

同じく上杉景勝の家臣・中山左門は、討ち死にしてしまった傍輩の狐塚正八の首を敵が取りにやってきたため、味方五人で鑓を合わせて阻止し、その後、死骸を山中に引き取ったという（「雞肋編」）。

「吉政覚書」でも、先にみた第三条において、「おみ左右衛門」なる味方の武士が負傷したため、危険を顧みず助けに行っていた。見殺しにしては、自分の手柄どころではなくなると述べていたことにも注目したい。味方を助けることも重要な戦功の一つであることがわかると同時に、味方同士の強烈な連帯意識のようなものも垣間みられはしないだろうか。戦国期の合戦というと、自分第一であって、他者よりいかに抜け出して活躍するのかということばかり考えていたように思われるかもしれないが、このような証言をまとめてみてみると、案外そうではなく、味方同士助け合って合戦に臨む姿もまた浮かび上がってくるのである。

第六章　初めて関東を離れた九州従軍

1．豊臣軍の一員として

吉政、関東を離れる

吉政は、それまで主家をたびたび替えながらも、関東を離れることまではなかった。だが、「吉政覚書」第十二条の最後に、金山城攻め以後は関東を離れて上方へ向かったので、関東の状況については一切知らないと記しているように、再び北条氏のもとから離れ、さらに関東からも飛び出していったのである。

次に吉政が現れたのは、なんと九州であった。豊臣秀吉の九州出兵に、豊臣軍の一員として参加していたのである。おそらく、その前に上方にいたのだろう。それまではずっと関東を行動範囲としていた吉政が、どうして突如、見ず知らずの上方へ旅立っていったのだろうか。どのようにして毎日の生活を成り立たせていたのだろうか。それについてはまったく不明であり、このときの吉政の立場も不明である。ただ、これも吉政が言う「修業」の一環であることは間違いないだろう。そのフットワークの軽さや、そうしたことが可能な状況にあったことには素直に驚かされる。
そこで本章では、九州出兵をめぐる政治過程を確認しつつ、「吉政覚書」から吉政の動向を追っていきたい。

九州出兵へ至る政治過程

天正十二年（一五八四）の小牧《こまき》・長久手《ながくて》の戦いを経て和睦した豊臣秀吉と徳川家康だったが、その後の両者の関係は、決して良好なものではなかった。秀吉はたびたび家康の上洛や人質の提出を求めたり、東国への出兵をにおわせたりするなど圧力を加えていたが、家康も北条氏と連携しつつ、それに対応し続けていた。

そのようななか、天正十三年十一月、秀吉は「家康成敗」を決意し、上杉景勝らと連携して翌年二月十日に出馬すると宣言するに至った。だが、出馬直前に織田信雄《のぶかつ》の仲介により両者はまたも和睦する。それでも、両者の関係は定まらず、秀吉の妹・旭姫《あさひひめ》が家康の正室として下っても、なお家康は上洛を拒んでいたのである。その間、上杉景勝が上洛して秀吉に謁見した。また、秀吉から母である大政所《おおまんどころ》が家康のもとへ下されると、ついに家康は上洛を決意し、天正十四年十月二十六日に大坂へ到着したのである。

一方、九州情勢も風雲急を告げていた。当時の九州では、大きく分けて島津《しまづ》・大友《おおとも》・龍造寺《りゅうぞうじ》の三氏による三つ巴の戦いが繰り広げられていたが、天正十二年三月の沖田畷《おきたなわて》の戦いで島津氏が龍造寺隆信《たかのぶ》を討ち取り、一気に北九州へと勢力を拡大させると、これに危機感を抱いた大友宗麟《そうりん》が秀吉に援助を求めるようになったのである。

これに対して秀吉は、天正十三年十月二日に「叡慮《えいりょ》」を掲げて島津氏と大友氏の停戦を命じた。いわゆる「九州停戦令」として知られるものである。だが、島津氏はこれを受け入れず、翌年正月に家臣の鎌田政弘《かまたまさひろ》を上洛させ交渉にあたったが、秀吉は島津氏に不利な内容となっている九州国分《くにわけ》案を提示して、七月までにその返事を求めた。結局、これも島津氏は受け入れることなく、九州各地への進出を止めることはなかった。こうして、秀吉と島津氏は衝突することになったのである。

豊臣秀吉画像『太閤画譜』　当社蔵

家康の上洛をうけ、後顧の憂いを絶った秀吉は、いよいよ九州出兵を本格化させる。天正十五年三月一日、秀吉は大坂城（大阪市中央区）を出陣し、十八日に安芸国宮島《みやじま》（広島県廿日市市）、二十五日に長門国赤間関《あかまがせき》（山口県下関市）、そして二十八日に豊前国小倉《こくら》（福岡県北九州市）に着陣した。ここから豊臣軍は二手に分かれ、豊臣秀長《ひでなが》を大将とした別働隊は豊前国・豊後国・日向国と九州の東側を、秀吉は筑前国・筑後国・肥後国と九州の西側を下っていった。

四月六日、秀長軍は日向国高城《たかじょう》（宮崎県木城町）を包囲し、十七日に島津軍の本体を撃破した。秀吉軍も、四月一日に筑前国岩石城《がんじゃくじょう》（福岡県添田町）を落とし、十六日に肥後国隅本《くまもと》（熊本市）、十九日に同八代《やつしろ》（熊本県八代市）、二十七日に薩摩へ入り、五月三日に泰平寺《たいへいじ》（鹿児島県薩摩川内市）に着陣した。そして八日、ついに島津義久《よしひさ》が剃髪して降伏を申し入れ、秀吉はこれを受け入れた。秀吉は、島津氏に薩摩・大隅の二国を与えるなど諸方面の仕置を行い、上方へ凱旋していった。こうして、九州出兵は終結を迎えた。

吉政が記した九州出兵の行程

第十三条から十六条は、九州出兵について記された部分であるため、ここではひとまとめにして読んでいきたい。

第十三条は、秀吉が筑紫へ下向し、島津氏を攻撃して静謐にしようとしたのだが、そのときの豊後口からの先衆は以下の通りだ、という内容が記されるのみで、次の第十四条にその詳細が記されている。中国・四国衆は、豊臣秀長を大将として出陣したが、なかでも秀長の先衆については、大友義統《よしむね》・黒田孝高《くろだよしたか》・蜂須賀家政《はちすかいえまさ》・尾藤知宣《びとうとものぶ》・宮部継潤《みやべけいじゅん》（善祥坊《ぜんしょうぼう》）の五人であった。安芸の毛利輝元《てるもと》、備前の宇喜田秀家《うきたひでいえ》、四国衆は秀長の御陣と一緒であったという。

そして、第十五条から具体的な合戦の様子が記されている。四月十七日の夜に、日向国の高城という城へ島津軍三万が秀長軍の先衆へ夜襲を仕掛け、宮部継潤が比類なき働きをして島津軍を四八三人も討ち捕った。その夜襲の様子は、秀吉が肥後・薩摩国境まで出陣したところで報告された。そのとき、高野山の木食《もくじき》上人と細川幽斎の二人が薩摩国へ遣わされ、和睦交渉が行われて九州は静謐になった。吉政は豊後口・日向口の軍勢に加わっていなかったので詳細はよく知らないが、その様子は以上に記したとおりとのことなので、そう記しておいたとしている。

第十六条の冒頭では、秀吉が赤間関を三月三日に渡ったと記しているが、これは明らかな誤りである。先述したように、秀吉は三月一日に大坂城を出陣し、二十五日に赤間関に到着しているので、三日はありえない。この点からも、「吉政覚書」に記される日付については鵜呑みにせず、慎重に判断する必要がありそうである。「吉政覚書」の最後には、内容に嘘偽りがあれば納めたお経の功徳が無になると記されているが、きっと吉政はあの世で「しまった」と思っているに違いない。

さて、秀吉は九州に上陸して豊前国・筑前国を大軍でもって押し進んでいったが、筑前国内に岩石城という山城があり、その近辺へ軍勢を派遣しておよその陣取りを終えた。その際に、秀吉が家臣に「この近くにある敵の城はどこか」と尋ねたので、家臣は「秋月《あきづき》という者の脇城である岩石という城がございます」と申し上げた。それを聞いた秀吉は、「自分がここまでやってきたことを知らない城はないはずである。まったく慮外《りょがい》な者たちである」と述べ、秀吉自身が城の近辺まで向かい、旗本の軍勢を先に城へ向かわせた。そして、軍勢をいったん止めて、城の向こうの二方をわざと開けておいて、城内の者たちが逃げ出せるようにしておいた。

いよいよ攻撃が始まると、蒲生《がもう》氏郷《うじさと》の軍勢が速やかに城へ取り付き、岩石城の「小丸」を二つ攻め落とした。その様子は、秀吉の御前からよく見えたという。それを見計らって、秀吉の御前から法螺《ほら》貝《がい》を吹かせ、鬨《とき》の声を細々上げさせたので、二方より豊臣軍が取り懸かってついに城を乗っ取ることに成功した。その間に、城内の者たちは城から順次逃げていって、打ち取られることはなかったという。この合戦では、蒲生氏郷の家臣である蒲生郷成《さとなり》が秀吉の目の前で活躍したので、秀吉から褒美をもらった。こうした一連の岩石城攻めの様子を、吉政はよくよく見聞きしたという。なお、先述したように、岩石城攻めは四月一日のことであった。

岩石城落城後、秀吉は筑前国内を制圧して筑後国、肥後国へと出陣し、各方面を順次制圧していった。その後、島津氏の居城まで三里ほどの距離にある薩摩国の伊集院《いじゅういん》（鹿児島県日置市）という所まで出陣し、さらに大隅国へ出陣して同国も制圧した。そして帰路についたのだが、当初の予定と異なってしまったのか、山中の道を間違えたために再び肥後へ帰陣し、仕置を厳しく命じて筑後国・筑前国へ帰陣し、肥前の方々の仕置・普請以下を思いの通りに命じた。六月末には赤間関を越えて長門国に入り、しばらく逗留して、この間に四国・中国の仕置も命じ、上方へ帰陣していったという。

本条の最後には、豊後口の先衆については以上に記した通りである、秀吉が通った国々も以上の通りである、として記している。ちなみに、六月末に赤間関を越えたという情報は、ほかの史料からも確認できる事実であり、間違っていない。どうして行きの日程は間違えたのか、謎である。

以上のことから、吉政は豊臣軍の一員として九州出兵に参加しており、筑前国・肥後国方面へ向かった秀吉軍に加わっていたこと、そのなかで筑前国岩石城攻めを目の前で見物し、秀吉軍本隊に近い部隊に属して九州各地を転戦していたことがわかるのである。

それにしても、今回吉政自身はなんら戦功を挙げていない。戦功自慢でもなければ失敗談でもない。わざわざ九州出兵の概要や秀吉の出陣行程を子孫に向けて長文で記した理由は、いったい何なのだろうか。遠く九州の果てまで行ったことがあるという経験を示したかったのだろうか。「吉政覚書」のなかでも、よくわからない箇所といわざるをえない。

2. 九州出兵の実態をめぐって

豊臣軍による「名城」岩石城攻め

第十五条では、筑前国の岩石城攻めの様子が詳細に記されている。岩石城は、伝承によると太宰大弐《だざいだいに》だった平清盛《たいらのきよもり》が大庭景親《おおばかげちか》に築かせたのが始まりという。史料上に明確に登場するのは南北朝期で、応永六年（一三九九）には大友氏公が在城し、大内盛見が攻撃している。戦国期になると、秋月氏の属城となり、九州出兵のときには秋月種実《たねざね》の家臣・飽田悪六兵衛と熊井《くまい》越中守久重《ひさしげ》が在城していた。

岩石城は、急峻な岩山に築かれた巨大山城であり、九州出兵後に秀吉の右筆《ゆうひつ》である大村由己《おおむらゆうこ》が記した『九州御動座記』で、「岩石　隠れ無き名城」と称えられた城であった。そんな城を、豊臣軍は実質的に一日で落としてしまったのである。その様子は、当時の秀吉文書にも多く登場しており、内容はほぼ共通している（「伊藤文書」「歴代古案」ほか）。

秀吉が馬廻ばかりを召し連れて四月一日の午の刻に豊前国板原に陣替えしたところ、近辺の岩石城主の熊井越中が狼藉をして路次の障りとなったため、馬廻のみで攻撃しようとしたところ、豊臣秀勝・蒲生氏郷・前田利長の三人が申し請けて先懸けし、即日落城させた、というものである。基本的に「吉政覚書」の内容と合致することがわかるだろう。だが、城攻めの詳細までは記されていない。

ところで、「吉政覚書」には「小丸」を二つ落としたという記述があった。「小丸」とは、具体的にはどこを指すのだろうか。その表現からして、岩石城内の曲輪の一部とも考えられるが、岩石城本体から離れた出丸に相当するものと考えることもできよう。

そうした視点で岩石城の周辺を見てみると、小規模城館が複数存在していることに気づく。具体的には、大豆塚山城・不動滝の砦・城山砦・城平城・弓張岳城・城山城である。このうち、大豆塚山城は岩石城攻めの際の前田軍の付城と伝承されている。不動滝の砦は遺構が確認できないため、城館跡ではない可能性も指摘されている。そして、残りの四城は、いずれも岩石城の出丸という伝承が存在している、ないしその可能性が考えられている。なかでも、岩石城本体に比較的近く、尾根続きに所在する城山砦・城平城・弓張岳城の三城に注目したい。

城山砦は、岩石城の南西約一・五㎞の城山と呼ばれる尾根の頂部に位置する。大きく二つの曲輪群に分けられ、大規模な堀切もみられる。ここから谷を挟んだ向かい側には城平城がある。こちらは、岩石城の出城という伝承が存在している。頂部を主郭とし、西北・東北方向に曲輪を配し、曲輪間に堀切を設けて防御している。『福岡県の中近世城館跡Ⅲ』では、この両城は一体となって岩石城の出城として機能していた可能性を指摘している。

岩石城と弓張岳城　福岡県添田町　画像提供：九州歴史資料館

一方の弓張岳城は、岩石城の南、添田から津野へ抜ける「鷲越え」と呼ばれる峠道を挟んだ弓張岳山頂に位置する。こちらも、岩石城からの距離は約一・五㎞ほどである。伝承によると、秀吉の岩石城攻めの際に陣を構え、遠矢を射たことから弓張岳の名前がついたという。主郭の南東側を堀切で遮断し、岩石城側の北側に曲輪群を展開している。『福岡県の中近世城館跡Ⅲ』では、岩石城に対する向城、岩石城の出城、両方の可能性を指摘している。

いずれも、出城という伝承が存在する、ないし立地・構造的に可能性があるというところまでしか指摘できないが、この三城が「吉政覚書」の「小丸」に相当するのではないかと筆者は考えている。それを補強する材料として、蒲生氏郷の一代記である軍記物『氏郷記』を挙げたい。そこでは、四月一日の早天に攻撃を開始し、蒲生氏郷は「本道通リ」、前田利長は「城ノ尾筋」から攻めたとするが、岩石城の「口麓」には「三構」があり、それを即時に攻め破り、岩石城本体に迫ったとしているのである。「三構」とあることから、出城が三つ存在したことになり、それは城山砦・城平城・弓張岳城に相当するのではないだろうか。

また、この記録を前提にすると、「本道通リ」は岩石城の南西側に、「城ノ尾筋」は岩石城の南側の尾根続きにある弓張岳城方面に相当すると考えられる。そうすると、蒲生軍は城山砦と城平城を、前田軍は弓張岳城を攻撃したことになる。「吉政覚書」では、岩石城の二方を空けておき、残り二方から攻めたと記されていたが、その状況と符合する。さらに、蒲生軍が「小丸二ツ」を取ったと記されているが、これまた見事に符合するのである。

以上のことから、「吉政覚書」にみえる岩石城攻めの様子は、かなり正確なものであると評価していいのではないだろうか。

秀吉は九州のどこまで行ったのか

第十六条では、岩石城攻め以降の秀吉の出陣行程が詳細に記されている。この行程については、これまでの研究でほぼ明らかになっているものの、通説とは齟齬する事実が記されていることに注目したい。それは、秀吉が薩摩国伊集院まで出陣したという記述である。

実は、秀吉がやって来た南限は、鹿児島説と薩摩川内説（具体的には平佐《ひらさ》〈鹿児島県薩摩川内市〉）の二つがある。鹿児島説の根拠は、北政所《きたのまんどころ》の侍女こほ宛ての五月九日付け秀吉書状に、二、三日中に鹿児島へ向かう予定であると記していること（「『東西展観古典籍大入札会目録』一九七四年」）、秀吉の伝記『川角太閤記』に鹿児島まで秀吉が行ったと記されていることの二点である。だが、秀吉書状は九日時点での予定を記したままでであって、実行されたかどうかは不明である。『川角太閤記』は軍記物であるため、信憑性の問題がある。そのため、現在は鹿児島説が採用されることは少ない。

一方の薩摩川内説は、当時の公式記録に値する『九州御動座記』によるもので、現在最も有力な説となっている。これによると、秀吉は五月一日に阿久根《あくね》（鹿児島県阿久根市）、二日に高城（滝。同薩摩川内市）、三日に大平寺（泰平寺）に着陣し、同所へ島津義久自身が降伏してきたことを記し、さらに十八日に川内川《せんだいがわ》の対岸で島津氏の平佐城がある平佐（同薩摩川内市）へ陣替えしている。そして、川内川沿いに二十日に山崎、二十二日に鶴田（ともに同さつま町）、二十六日に大隅曽木《そぎ》（鹿同伊佐市）へ着陣し、博多方面へと帰陣していったという。

なお、秀吉の陣所跡として、鳶の巣太閤陣跡（同さつま町鶴田）、天堂ヶ尾関白陣跡（同伊佐市大口曽木）、尾ノ上関白陣跡（同伊佐市大口山野）が残されている。このうち、天堂ヶ尾関白陣跡には長大な土塁・石塁・堀が認められるが、それらは発掘調査の結果、近代の遺構であることが判明しており、陣所の遺構・遺物は確認されなかったという。これらの陣跡は、本当に秀吉が在陣した場所なのか判然としない。

いずれにせよ、薩摩川内説が有力なのだが、「吉政覚書」には薩摩川内からさらに奥、島津氏の本拠・鹿児島に近い伊集院にまで出陣し、その後大隅の仕置を行い、帰り道に迷って再び肥後へ出たと記されている。第十五条の内容は聞き書きだが、第十六条は吉政自身が従軍したうえでの記録のはずである。しかし、『九州御動座記』の内容と異なるため、「吉政覚書」の信憑性に疑問符が付いてしまうだろう。では、伊集院まで来たことを示すほかの史料は存在しないのだろうか。実はあるのである。それが、『豊前覚書《ぶぜんおぼえがき》』という史料である。

『豊前覚書』は、城戸《きど》豊前清種《きよたね》という武士が江戸初期の元和元年（一六一五）に記したものである。原本はすでに失われているものの、多くの写本が残されている。写本ではあるものの、戦国期の九州を知るうえでの重要史料の一つであることは間違いなく、これまでもたびたび活用されてきているのだが、ここには『九州御動座記』とは大きく異なる行程が記されているのである。

まず、そもそも泰平寺が登場しない。四月二十九日に川内川の辺に着陣したとあり、これが事実上、

図5　九州平定の行程図　安田元久監修『戦乱の日本史［合戦と人物］第10巻 天下人への道』（第一法規出版、1988年）掲載図をもとに作成

泰平寺への着陣となるが、寺そのものは登場しないのである。この点で、早速信憑性に疑問符が付く。そして、五月三日に平佐よりさらに奥に位置する百次《ももつぎ》（鹿児島県薩摩川内市）に陣替えして、そこに立派な陣屋を建てたところへ島津義久が降伏しにやってきたとする。七日間の滞在後、五月十一日に伊集院へ陣替えし、十二日に「こその」（鹿児島市か）、十五日に再び伊集院、二十日に吉田村（鹿児島市か）、廿一日に祁答院《けどういん》（鹿児島県さつま町）、二十三日に薩摩・大隅国境の「子捨ノ峠」、二十五日に薩摩国大口（同伊佐市）へと進み、肥後国佐敷《さしき》（熊本県芦北町）を経由して帰陣している。祁答院から先は、『九州御動座記』とほぼ同じルートとなっている。仮にこれが正しいとすると、秀吉は鹿児島のかなり近くにまで行っていることになる。

以上、「吉政覚書」も含めて三つの記録を参照したが、やはりあくまで記録であることに注意する必要がある。そのため、当時の史料から復元することが必要不可欠であろう。先に挙げた九日付けのこほ宛て書状には、二、三日中に鹿児島へ向かう予定であると記していたが、実際十日から十二日については史料がなく不明であるため、この間に伊集院まで行った可能性もゼロではないかもしれない。しかし、十三・十五・十七日の時点で泰平寺にいることが確認できるので（「本願寺文書」「新編会津風土記」「石清水文書」）、そのまま泰平寺にいた可能性のほうが高いだろうか。十九日段階でもそうである。

十九日付けの秀吉朱印状（「島津家文書」）によると、十七日の時点で薩摩国大口表（鹿児島県伊佐市）へ陣替えすることを表明しているが、そこへ行く前に明日には祁答院城（虎居《とらい》城。同さつま町）に一夜の御陣を取るから準備せよと島津義久に命じている。しかし、祁答院城にいた島津歳久《としひさ》はこれを拒否している。激怒した秀吉は、祁答院へ石田三成《いしだみつなり》らを派遣し、返事次第では成敗すると述べている。実際に翌日祁答院へ陣替えしたのかは史料がなく不明だが、二十一日時点でまだ「川」（川内川か）を越えていない状況がうかがえるので（「細川家文書」）、そのまま泰平寺に在陣していたものとみられる。

そして、二十五日には祁答院城に近い鶴田に在陣していることが確認できる（「山内家文書」ほか）。前日の二十四日にいた場所は不明だが、大口表へ陣替えするので川よりこちら側に御座所としてふさわしい城があれば、そこに建設するよう家臣に命じており（「松雲公採集遺編類纂」）、その御座所は鶴田を指す可能性が高い。文面からすると、すでに川を渡っているような書きぶりである。さらに、二十七日には水俣《みなまた》（熊本県水俣市。「相良家文書」）、二十八日には佐敷（同芦北町。「一柳家文書」）まで戻っていることが確認される。

ここまでは確実に判明しているといえるが、やはり当時の史料には平佐や百次、伊集院などは登場しない。また、『豊前覚書』の内容とは大きく齟齬することは明らかで、やはり『九州御動座記』の内容との整合性が高いといえる。

ただ、二十一日から二十四日の秀吉の正確な動向は不明なままである。『九州御動座記』によれば、二十日に山崎、二十二日に鶴田となっているが、先述したように二十一日の文書では「川」を越えていないので、二十日時点で山崎に在陣しているとは考えにくい。あるいは、この間に伊集院まで行っていた可能性があるだろうか。先ほどの十九日付け秀吉朱印状には、「かこ島通は廻りの事に候間、花道院《（祁答）》の城に一夜の御陣成さるべきの由」とある。どう解釈すべきか難しいが、「鹿児島通」を巡るので、祁答院城に一泊するという意味だろうか。

　ここでいう「鹿児島通」とは、薩摩川内から鹿児島方面へ通じる街道およびその周辺地域と考えられようか。そうなると、祁答院に最短距離で向かうのではなく、鹿児島方面を巡ってから向かおうとしていたことになる。これが正しければ、秀吉は薩摩川内から伊集院まで行き、そこから北上して一気に祁答院へ向かった可能性も考えられようか。

　残念ながら、これ以上のことはわからずじまいである。吉政自身が秀吉軍に従軍し、こうした記録を残しているので、「吉政覚書」の内容を信じたいところだが、当時の史料から判明する動向と比較すると、現状ではやや厳しいといわざるをえない。しかし、『豊前覚書』と「吉政覚書」の二点に伊集院が登場すること自体は注意しておくべきだろう。いずれにせよ、この点に関しても今後の研究に期待したい。

第七章　難攻不落の忍城攻め

1. 関東に戻ってきた吉政

小田原合戦の勃発

天正十六年（一五八八）、それまで長らく対立関係にあった秀吉と北条氏は、徳川家康の取りなしもあって、北条氏が秀吉に従属する形で和睦することになった。同年八月二十二日、北条氏規《うじのり》が上洛して秀吉に謁見したことをうけて、秀吉は関東・奥羽の諸領主に上洛を促し、具体的な境目画定作業を行うことを表明するようになった。長らく戦乱が続いていた関東も、いよいよ戦国期的な状況が終わりを迎えつつあったのである。

しかし、事はそう簡単には進まなかった。秀吉と北条氏の従属交渉のなかで最大の争点となった上野国沼田領問題が、この後大きくこじれてしまうのである。沼田領は、天正十年の北条・徳川同盟締結により、家康から北条氏に引き渡されることになっていた。ところが、実際に領有していた真田昌幸が頑強に抵抗したため、北条氏は実力で奪取しようと繰り返し沼田方面へ侵攻したものの、なかなか領有が実現できないでいた。北条氏は、これを家康の責任であるとして、その一刻も早い解決を秀吉に訴えたのである。

これをうけて、天正十七年春に秀吉のもとで事の経緯を確認する作業が行われた。その結果、沼田領のうち沼田城を含む三分の二を北条氏に、名胡桃城（群馬県みなかみ町）を含む三分の一を真田氏に与えることに決定した。同時に上洛を求め、それが実現すればすぐさま領土裁定を実行すると北条氏に伝えたのである。

同年六月、これを受諾した北条氏は、氏政を上洛させるという一札《いっさつ》を秀吉に提出した。そのため、秀吉は七月十日に上使として津田信勝《つだのぶかつ》・富田《とみた》一白《かずあき》を沼田に派遣することを表明し、実際に同月中に沼田城は北条氏に無事に引き渡された。あとは、氏政の上洛さえ果たされれば、万事穏便にいく予定であった。

ところが、思わぬ出来事が起きてしまう。同年十一月初め、北条氏邦の家臣・猪俣邦憲が突如、真田氏の名胡桃城を奪取してしまったのである。いわゆる名胡桃城事件である。これに激怒した秀吉は十一月二十四日、北条氏に最後通牒（事実上の宣戦布告状）を送り、氏政の即時上洛などを求めた。だが、結局北条氏はこれに応じず、時だけが過ぎていった。こうして、小田原合戦へと突入していったのである。

小田原合戦は、これまでにないほどの大軍が動員された。先陣を務めたのは、徳川家康であった。

家康は、天正十八年二月十日に駿府《すんぷ》（静岡市葵区）を出陣し、二十四日に北条領国との境目に位置する長久保《ながくぼ》城（静岡県長泉町）に着陣した。その後、豊臣秀次や織田信雄らも大軍を率いて続いた。秀吉の本軍は、三月一日に京都を出陣し、二十七日に三枚橋《さんまいばし》城（同沼津市）に着陣して態勢を整え、翌日には北条方の最前線の城である山中《やまなか》城（同三島市）と韮山《にらやま》城（同伊豆の国市）の状況を調査している。さらに翌二十九日、秀次を中心とした豊臣軍が一挙に山中城を攻め、わずか数時間で攻略してしまう。その後、韮山城の包囲を進めながら早々に箱根の山を突破し、四月四日には箱根早雲寺《そううんじ》（神奈川県箱根町）に秀吉の本陣が構えられ、小田原城の包囲を開始するに至った。

豊臣軍は、伊豆国方面だけでなく、上野国へも同時に攻め込んでいた。前田利家や上杉景勝ら北国勢が別働隊として出陣し、三月初旬には碓氷峠付近に着陣した。そして、同峠で小競り合いを展開した後、峠を越えて三月二十八日に上信国境を押さえる重要拠点・松井田《まついだ》城（群馬県安中市）の攻撃を開始した。松井田城は四月二十日に開城し、城主大道寺政繁《だいどうじまさしげ》は降伏、以後、豊臣軍の先導役を務めるようになった。

その後も、箕輪城・厩橋城など上野国の諸城、河越城（埼玉県川越市）や江戸城（東京都千代田区）など武蔵国の諸城を次々と攻略していき、五月下旬には「関東にて一二ヶ所の名城」（「伊東文書」）と評された岩付《いわつき》城（さいたま市岩槻区）も攻め落とした。六月十四日には頑強に抵抗していた北条氏邦の居城・鉢形城（埼玉県寄居町）が開城し、同月二十三日には北条氏照の居城・八王子《はちおうじ》城（東京都八王子市）も壮絶な戦いのうえで落城した。さらに、翌日には韮山城も開城してしまう。こうして、残る城は小田原城と忍城《おし》（埼玉県行田市）のみとなった。

七月五日、ついに北条氏直が滝川雄利《かつとし》の陣所に走り入って降伏・開城の意思を示した。早速、小田原城の接収作業が行われ、十一日に北条氏政・氏照は切腹、翌日に氏直の高野山《こうやさん》追放が決定された。

だが、それでも忍城だけは、なお籠城戦を続けていた。忍城が開城したのは七月十四日のことで、氏直が降伏してから九日後のことであった。その攻防戦の様子については、大ヒットした時代小説『のぼうの城』でご存じの方も多いのではないだろうか。豊臣軍は、忍城を水攻めにすることを決定し、大規模な堤を普請していたが、籠城側によって堤が破壊され、水が逆流して豊臣軍に甚大な被害が出たとされる話は有名である（もっとも、実態は異なるようである）。

この小田原合戦に、吉政は浅野長吉軍の一員として参加していた。戦国時代でもまれにみる大合戦のなかで、吉政はいったいどのような活躍をしたのだろうか。

忍城攻めの経験談

第十七条は、極めてシンプルである。天正十八年（一五九〇）の小田原御陣では、浅野長吉の軍勢に加わって出陣した、武蔵国忍城での出来事である、と述べているだけである。吉政は、今度は浅野長吉に仕え、かつての故郷である関東の地へ再び足を踏み入れたことになる。

次の第十八条から、忍城攻めの具体的な様子が記されている。攻撃側の豊臣軍の一員として、真田昌幸がいた。豊臣軍は早速忍城を包囲したが、昌幸は忍城の皿尾口《さらおぐち》を担当していた。あるとき、昌幸が長吉のもとを訪れて内々に相談をした。何を相談したのかというと、「私が担当している口については城中の者どももよく存じているので、このうえは二・三町ほど軍勢を出して、曲輪の二つ三つほど明日堀を渡って奪取することを許可してくれないか」と申し出たという。それを聞いた長吉は、「もっともなことである」と述べつつ、「そのようにするのであれば、私の軍勢も加えようか」と付け加えた。だが、昌幸は「それは御無用である」と述べて自陣へ帰って行ってしまった。

忍城跡　埼玉県行田市

翌朝早々に長吉は軍勢を出し、その直後に昌幸へたびたび使者を派遣したものの、なかなか連絡がうまくいかなかったようで、そのうち籠城側に気付かれてしまった。ぐずぐずしている暇はないということで、長吉の軍勢だけで皿尾口を乗っ取り、二の丸・三の丸に構うことなく、「本城」（本丸）にまで一気に攻めかかった。「本城」には「堤」（土塁か）があり、内部の二ヶ所に夥しい量の「しほり」が設けられていたという。「しほり」の一重目を破り、二重目も破ったところで、長吉から重ねて使者がやってきて引き返すよう命じられたため、浅野軍は一斉に引き上げていった。そのときになってようやく、真田軍の幟がやってきた。こうして、昌幸の面目は丸潰れになってしまったのだという。

本条の最後では、乗っ取った皿尾口周辺の曲輪群に構わず「本城」の「堤」まで行った衆は、浅野右近・佐藤才三郎（秀吉直臣の佐藤才二郎方政か）・すかの（菅野か）平兵衛・上村豊後左衛門と、このときも私吉政であった、と誇らしげに述べている。なお、この皿尾口攻めは、七月一日の出来事であったことが別の史料から確認できる（「浅野家文書」）。

第十九条は、七月五日の出来事が記されている。浅野長吉の担当箇所は「桜ヶ馬場」から行田口《ぎょうだぐち》にかけての場所だった。「桜ヶ馬場」は不明だが、行田口は近世忍城の大手門に該当するようなので、その付近にあった馬場なのだろう。七月五日の朝、浅野軍は行田口を破ったのだが、浅野軍は多勢でもって「堤」へ乗り上げることはできない状態であったため、吉政が一騎で乗り分けていって、「堤」の南のほうより五・六町も「泥ふけ田」を乗り渡っていった。渡りきった篠垣がある場所で降り立ち、水堀を二重越えていって、その奥に「節家橋」という橋があり、それを引いたところ、激しく弓を射られ鉄炮を撃たれたので、歴々の衆が多数討ち死にしてしまった。これによって、籠城側が勢いを増し、退却する浅野軍を追撃したため、さらに多くの人々が討ち取られてしまった。

そのため、吉政と石本善介・浅野次郎左衛門・広瀬与八郎の四人で、複数の退却ルートの一つ、城下町の左側のルートの「跡」をした。「跡」という表現は、「野口豊前守戦功覚書写」（「常総遺文」）などにもみられるが、どうも殿《しんがり》のことのようである。城下町の右側のルートは、浅野右近とその内の者数人が殿を担当し、それより後に岡野弥右衛門・小嶋太介、その他数人がいたという。とにかく、一方は吉政含め四人の者がそのときにいろいろと活躍をして引き上げたのだという。

複数の武士が登場するが、このうち石本善介は浅野氏家臣で三右衛門ともいう。文禄二年・三年に信濃の金山支配に関連して、複数の史料に登場することが確認できる（「南眞志野共有文書」）。浅野次郎左衛門直元《なおもと》（直光《なおみつ》）も浅野氏家臣で、文禄二年に浅野氏の領国若狭で文書を発給している（「若狭彦神社文書」）。岡野弥右衛門正綱《まさつな》も浅野氏家臣で、朝鮮出兵時の蔚山《ウルサン》での戦いで活躍し、後に将監を名乗ったという（「旧臣録」ほか）。その他の武士は詳細不明だが、多くは浅野氏家臣なのだろう。そこに、吉政も含まれていたことになる。

2. 忍城攻めの実態を探る

史料にみる忍城攻め

このように、著名な忍城攻めの様子が非常に具体的に、リアルに記されているのだが、残念ながら「吉政覚書」以外の史料でその様子をここまで記しているものは、軍記物くらいしかない。しかし、一次史料はそれなりに残されており、ほかの「戦功覚書」にも忍城攻めは登場している。また、忍城には複数の絵図が残されており、天正期段階を描いたとされる絵図もみられる。それらを使って、忍城攻めの様子をさらに復元していきたい。

石田三成は、六月初旬には布陣を完了し、丸墓山古墳を本陣にしたという。城攻めの様子が具体的にわかるようになるのは、六月十二日付けの秀吉朱印状（「石田文書」）と十三日付けの石田三成書状（「浅野家文書」）からである。前者において秀吉は、城内から助命嘆願があったため、水攻めにすることにしたと述べ、本城を請け取ったらすぐに連絡するよう三成に指示している。

一方の三成書状は、直前まで忍城攻めにあたっていた浅野長吉・木村一に宛てたものである。この時点で、すでに浅野・木村両人にによって忍城の開城が決まっていたようで、三成は先手の者どもに城を請け取らせるようにと両人から指示され、その通りに申し付けたと述べている。ところが、諸勢は水攻めの用意をするのみで忍城に押し寄せる気配はなかったようで、城内から軍勢を半分ほど出城させると言ってきたから請け取りが遅れているのか、それとも出城してきても嘆願に構わず城へ押し詰めるべきだろうか、と両人に尋ねている。

結局、このときは力攻めをせず、堤の普請に勤しむことにしたようで、三成は小田原の秀吉のもとへ絵図を送り、詳細を報告している。秀吉も、それを見て満足の意を表し、水攻めを油断なく行うよう改めて命じている。同時に、鉢形城攻めが終わった暁には、浅野長吉と真田昌幸を派遣するので、両人とよく相談すること、堤が完成したら秀吉の使者を派遣するのでよく見せるようにと、二十日時点で命じている（「埼玉県立歴史と民俗の博物館所蔵文書」）。

　こうして、豊臣軍は着々と水攻めの用意をしていたが、七月一日になって突如、浅野軍は力攻めを開始するのである。その背景はよくわからないが、この戦いで浅野軍は皿尾口を破り、籠城兵三〇人余りを討ち取り、秀吉から賞されている。絵図を見た秀吉は、皿尾口は破って当然の場所であると述べたが、あくまで水攻めの用意をするようにと改めて命じている（「浅野家文書」）。

　皿尾口での戦いについては、加賀藩前田家の重臣・山崎長徳《やまざきながのり》の家臣である井口清左衛門の「戦功覚書」にも記録されている（「山崎家士軍功書」）。当時、井口は浅野幸長《よしなが》の家臣であった。井口は、川田小介という武士とともに先手の「横目」として派遣されたが、佐々成政の元家臣・脇本《わきもと》荒助がもたついて城門を越しかねていたところ、籠城側の反撃にあい、井口自身も負傷してしまったという。そのため、脇本は解雇されている。ちなみに、脇本荒助はほかの「戦功覚書」にもしばしば登場し、鉄炮に長けていた人物として有名だったようで、このときも鉄炮三〇丁を預けられていた。これらの史料には、真田昌幸の失態については記されていないが、「吉政覚書」の内容とおおむね符号している。

　次に城攻めが行われたのは、七月五日であった。七月十日付けの秀吉直臣・寺西正勝《てらにしまさかつ》書状では、浅野長吉から五日付けの書状が届いたと記している。そこには、浅野軍は忍城攻めで負傷者が多数出て、討ち死にしてしまった者もいるとの情報が記されていたようで、正勝は長吉を気遣っている（「浅野家文書」)。同日付けの蒲生氏郷家臣・町野重仍《まちのしげより》書状にも、五日に籠城兵が出撃してきたため、浅野軍が応戦し押し込め、多数を討ち取ったものの、浅野軍側にも多数の負傷者が出たという情報が記されている(「浅野家文書」)。七月五日に合戦が起きたこと、浅野軍が苦戦していることなど、やはり「吉政覚書」の内容と合致している。

また、当時の文書史料にはこの戦いの具体的な場所が記されていないが、「吉政覚書」からそれが行田口であったことが判明した。この行田口の戦いについても、実は井口清左衛門が記録している。このとき、秀吉から「横目」として滝川忠征《ただゆき》が派遣されていたという。浅野軍は行田口を破ったものの、籠城側の激しい反撃にあったため、急いで引き返そうとした。ところが、あろうことか忠征が真っ先に逃げ去ってしまったので、井口はカンカンに怒ったという。浅野軍の苦戦の様子がうかがわれ、やはり「吉政覚書」の内容と基本的に合致している。

以上のことから、一日時点では皿尾口であったが、五日時点では反対側の行田口から攻めていることになり、浅野軍が大きく陣替えしていることもまたわかる。こうした様子から、たしかに堤の普請は続けられているものの、水攻め自体はほとんどできていなかったといえよう。これが、忍城攻めの実態だったのである。

七月六日、秀吉は上杉景勝らに対しても、水攻めのための堤普請をするよう命じているが(「上杉家文書」)、忍城側としても、もはや小田原城が開城した状況では抵抗を続ける理由はなくなっていた。

早々に開城に向けての交渉が行われ、ついに十四日に開城し、長期間にわたる籠城戦に終止符が打たれたのである。

吉政の攻撃ルートを考える

第十九条によると、吉政は行田口を突破したあと、単騎で攻め込み、「堤」の南を五・六町ほど「泥ふけ田」を渡り、渡りきったところに篠垣がある曲輪があったとしていた。そして、そこからさらに二重の「水堀」を越え、「節家橋」という橋がある曲輪にまで到達していた。この状況に、実際の忍城の縄張りは合致するのだろうか。ここでは、その具体的な攻撃ルートを、残された忍城の絵図と比較して、復元してみたい。

吉政が攻め込んだ行田口は、先述したように近世忍城の大手門と考えられる。「天正年間武蔵忍城之図」など、比較的古い段階の忍城を描いたとされる絵図をみると、行田口は馬出《うまだし》のように描かれている。近世の大手門も馬出が設けられているが、より定型的な角《かく》馬出に改修されている。浅野軍が攻め破った行田口は、ここであるとひとまず考えたい。

問題は、その後である。吉政は、乗馬したまま「堤」の南から「泥ふけ田」を五・六町ほど渡っているが、これはどこなのだろうか。そこで初期忍城を描いたとされる絵図を見てみると、いずれにも行田口内の曲輪に沿って南北に細長い「フケ」「フケ田」「深田」が描かれているのである。その長さ

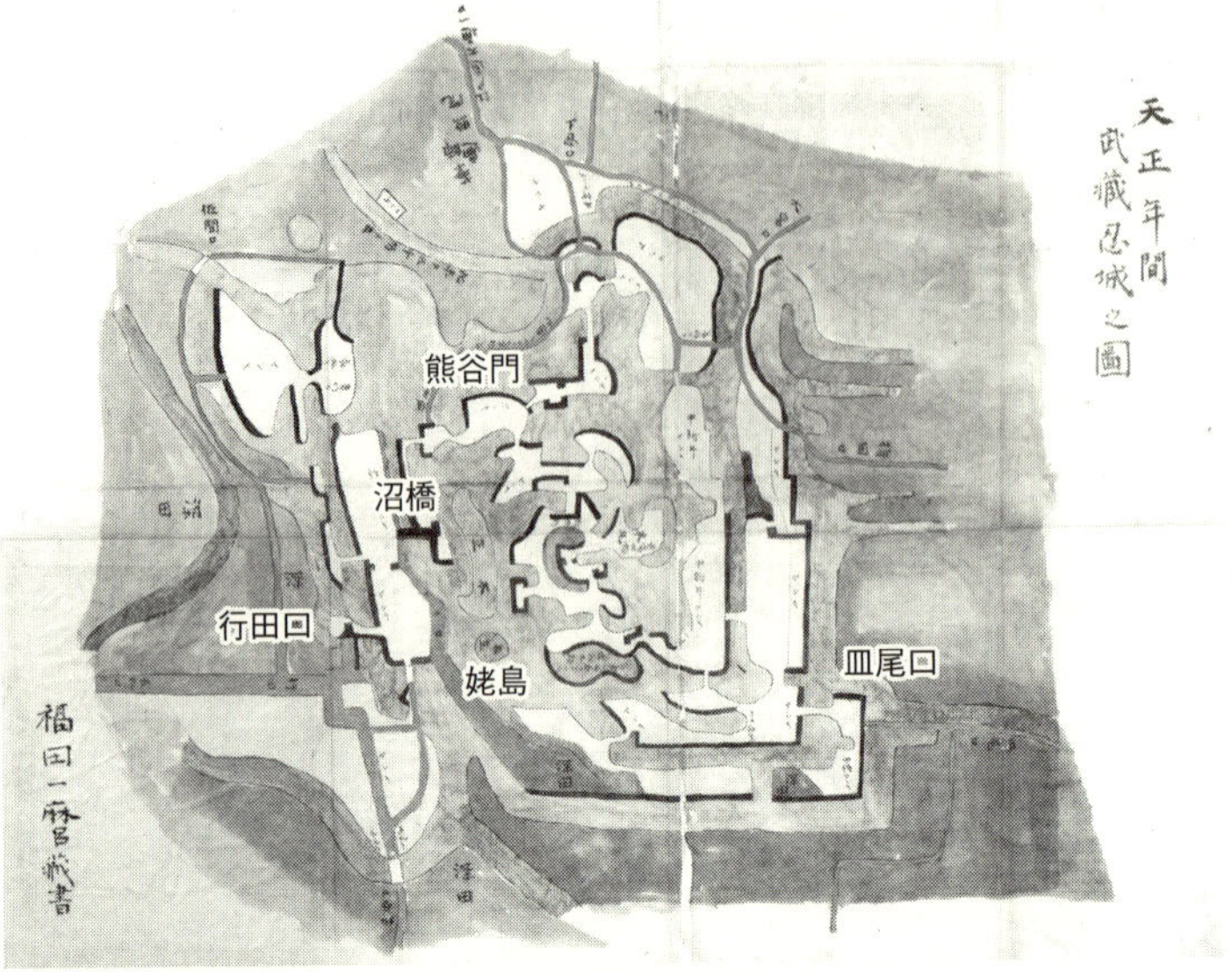

天正年間武蔵忍城之図　個人蔵・行田市郷土博物館保管

も、五・六町ほどという表現と矛盾しない。「堤」がよくわからないが、ほかは吉政の証言と見事に合致するので、これこそ吉政が乗り渡ったという「泥ふけ田」なのであろう。

それを渡った後、吉政は篠垣がある曲輪に降り立って、水堀を二つ越えていき、「節家橋」という橋を引いたところで籠城側の反撃にあっている。忍城は城域全体が沼に囲まれていることで知られるが、二重の水堀とはどこを指すのだろうか。これも初期忍城の絵図を見てみると、ある程度推測することが可能である。

まず、行田口を突破すると、先ほどの「泥ふけ田」が付随する南北に細長い曲輪がある。それを南に向かうと、本丸方面へ続く近世忍城で「沼橋」と呼ばれた橋と城門があり、それを渡るとやはり南北に細長い曲輪に出る。その曲輪の南端の橋を渡って小さい曲輪に入るとさらに橋が架けられ、熊谷門や三重矢倉がある曲輪に出る。近世忍城になると、そこから北に向かい、橋を渡って成田門を通ると三の丸、さらに北へ向かい木橋を渡って太鼓門を通ると二の丸、そして本丸と続くようになっているが、初期忍城ではこの間にもう一つ曲輪があったらしい。

さて、初期忍城の絵図には、先述した小さい曲輪から、近世忍城の姥島《うばしま》（二の丸と行田口の間の広大な沼に浮かぶ島）に隣接する「木立」（島）へと至る細長い土手状の道（帯曲輪）が描かれている。近世忍城の絵図には描かれていないため、初期にのみ存在したものと思われる。この土手状の道が、ちょうど沼を仕切るようになっている。そのため、行田口方面から中心部を見ると、まさに二重ないし三重の水堀のような景観となるのである。吉政が越えた二重の水堀は、これだったのかもしれない。問題は、意味がよくわからない「節家橋」だが、おそらく木橋なのだろう。初期忍城の絵図では、沼橋のほか、小さい曲輪から熊谷門がある曲輪へ渡る橋、近世の二の丸から三の丸へ出る馬出に架かる橋が木橋として描かれている。このうちのいずれかに該当するのかもしれない。

残念ながら、検討できるのはここまでである。もう少し、吉政が具体的に書いておいてくれるとよかったのだが。

第八章　井伊直政との運命的な出会い

1．九戸政実の乱で東北へ

井伊直政の箕輪入部と上野武士

小田原合戦後、吉政のその後の運命を決定づける事態が起こった。上野国箕輪城（群馬県高崎市）に、井伊直政が入部したのである。井伊直政は、いうまでもなく徳川家康の家臣であるが、実はこの頃は秀吉の直臣という側面も持っており、両属家臣とさえ評価されることがある。そのため、旧北条領国の大半は徳川家康に与えられたものの、井伊直政の入部先は秀吉が直々に決定しており、家康も直政もそれに従っているのである。直政のほかにも、榊原康政や本多《ほんだ》忠勝《ただかつ》も同様であったことがわかっているが、こうしたところに、当時の直政の特殊な位置をうかがうことができよう。

ところで、直政はすでに家康の重臣となってはいたものの、それほど大身の家臣ではなかった。それが、小田原合戦後に上野国箕輪に入部した際には一躍十二万石の大身家臣になったものだから、家臣の数が絶対的に不足していたのである。そこで直政は、箕輪入部直後から関東の武士、なかでも地元上野国の武士を積極的に採用していった。吉政も、その一人であったのである。吉政が直政に召し抱えられた経緯は不明だが、直前まで仕えていた浅野長吉からの助言があったのかもしれない。

　こうして、吉政は井伊家家臣となったのだが、ここで直政以外の人物とも運命的な再会を果たす。まずは、石原主膳である。主膳は、北条氏の家臣として小田原合戦に参加していたが、北条氏滅亡後すぐに井伊家家臣として召し抱えられている。吉政にとっては、下野国小山でともに戦ったとき以来の再会だろうか。そして、熊井戸実業（初代岡本喜庵）である。天正十年（一五八二）段階では敵同士として相まみえていたが、喜庵も息子の半介宣就とともに、小田原合戦直後に井伊家に召し抱えられたようであることは先述した。

箕輪城跡　群馬県高崎市

　このほかにも、青木《あおき》五郎兵衛・五十嵐《いがらし》軍兵衛・宇津木《うつき》氏久《うじひさ》・宇津木泰繁《やすしげ》・江坂《えさか》又兵衛・横地吉晴《よこちよしはる》など、上野武士や旧北条氏家臣が大量に召し抱えられた。このなかには、吉政の顔見知りのものも多くいたことだろう。

　この時点では、吉政は井伊家に生涯仕えるとは思っていなかったのかもしれない。だが、結果的に天正十八年は、吉政のその後の人生を決定づけた大事な年となったのである。

奥羽仕置と九戸政実の乱

天正十八年（一五九〇）七月五日に小田原城へ入城した秀吉は、すぐさま奥羽へ出陣することを表明した。もっとも、奥羽へ出陣する意向は、すでに四月二十二日段階で表明されており、五月十二日時点でも、関東の諸城を接収しながら奥羽への街道整備を急ぐよう指示していた。小田原合戦が終結する前から、すでに秀吉の目は奥羽へ向いていたのである。

小田原合戦は、一義的には北条氏「征伐」だが、奥羽でも伊達政宗の会津占拠をはじめとした諸問題が起きており、豊臣政権内部でも問題視されていた。そのため、どこまで行くかは別として、奥羽の問題も同時に解決することが求められる状況にあった。だからこそ、奥羽、なかでも会津への出陣が当初から計画され、街道整備が早い段階から実施されていたのである。

小田原開城直前の七月三日には、改めて小田原—会津間の大規模な街道整備を命じた。その直後の五日に開城した小田原城の戦後処理を終えた後、秀吉は十七日に小田原を出発した。二十六日に宇都宮（宇都宮市）に到着し、宇都宮仕置と呼ばれる関東・奥羽諸領主に対する政策を実施した後、八月九日に陸奥国会津黒川《くろかわ》（福島県会津若松市）に到着した。ここで奥羽仕置の総仕上げを行い、八月十三日に黒川を発って上洛していった。

こうして奥羽も豊臣政権の支配下に入り、新たな大名配置のもとで検地《けんち》・刀狩《かたながり》・城破《しろわ》りなどの政策が次々と実施されていった。ところが、その支配は順調には進まなかった。豊臣政権による新たな支配に抵抗して、大崎《おおさき》・葛西《かさい》一揆、庄内《しょうない》・藤島《ふじしま》一揆、仙北《せんぼく》一揆などの一揆が各地で続発したのである。さらに翌年二月頃、新たに大規模な一揆が起きた。それが、九戸《くのへ》政実《まさざね》の乱（九戸一揆）である。

九戸政実は、戦国大名南部《なんぶ》氏の有力一族であった。当時の南部氏は、当主である三戸《さんのへ》南部信直《のぶなお》を中心に、東氏・北氏・南氏・一戸《いちのへ》氏・四戸《しのへ》氏・七戸《しちのへ》氏・九戸氏などの有力一族が連合して成り立っていた。三戸南部氏と九戸氏は、戦国期にしばしば対立していたのだが、そうしたなか豊臣政権が奥羽仕置を実施し、城破りや家臣の城下町への集住、刀狩などを各大名に命じたのである。南部氏も例外ではなく、当主の居城以外の城の破却や妻子の三戸への移住が求められた。これらの政策は、政実のような領主の自立性を奪い、大名家当主へ権力を集中させる目的があった。政実としては、従いがたい政策であったことは想像に難くない。

政実は、同じ一族である櫛引清長《くしびききよなが》や七戸家国《いえくに》らとともに挙兵し、九戸城（岩手県二戸市）を拠点に三月から信直方の諸城を攻撃し始めた。これに対して、独力では鎮圧できないことを悟った信直は、豊臣政権に援軍を要請するため、息子利直《としなお》を京都へ派遣した。利直は、六月九日に秀吉に謁見し、状況を報告すると、秀吉は大崎・葛西一揆などほかの諸問題の解決も兼ねて、再度大軍を奥羽へ派遣することを決定したのである。

こうして、豊臣秀次と徳川家康を大将とした豊臣の大軍が、奥羽へ一気になだれ込んでいった。九月一日、九戸城のすぐ近くに位置する姉帯城《あねたい》（岩手県一戸町）・根反城《ねそり》（同）が落城すると、政実は九戸城に籠城した。翌日には、六万ともいう豊臣軍が早速九戸城を包囲し、攻防戦の末、四日に降伏・開城した。このとき、豊臣軍により残虐な殺戮が行われたともいわれている。政実らは、京都へ連行される途中、三迫《さんのはざま》（宮城県栗原市）で処刑された。その首はすぐさま京都へ送られ、晒されたという。こうして、豊臣政権による奥羽再仕置は終了した。これをもって、本当の意味で「天下統一」が達成されたと評価されることもある。

井伊家家臣となった吉政は、早速この九戸攻めに参加して、九戸城まで出陣している。その様子をみてみよう。

豊臣軍による九戸城包囲

まずは、第二十条である。九戸御陣では、井伊直政の御供として出陣した。いつものように、九戸城へいずれの諸大名も取り寄せてきたうちに、井伊家はどの大名よりも早く城へ取り寄せた。一夜の内に一度で堀際へ取り寄せたという。蒲生氏郷は、二晩かけてもそのようなことをすることはできなかった。浅野長吉も、二度目でようやく取り寄せることができた。堀尾吉晴《ほりおよしはる》は、取り寄せるのに三日間かかった。

井伊家の取り寄せは、どこよりも早かったので、城内から直政へ「萬端の儀」を申してきた。これを受けて交渉が行われ、九戸城は開城したのである。井伊家の手柄は言いようがないほどのものであると、下々の者どもまで話し合ったのだという。このほかにも書き置いておきたいことはたくさんあるが、そのようなことは人々が自然と語ってくれるものであるので、ここには記さないでおく、としている。これまたずいぶんと自慢気である。できれば、すべてをきちんと記してほしかったのだが。

続く第二十一条は、短いものである。九戸城へ軍勢を寄せていったときに、庵原助右衛門朝昌《いはらともまさ》がほどなく鉄炮で撃たれ負傷してしまった。日比野左近が直政へ報告したところ、直政は人を遣わして救出した。庵原は、一段と深手を負っていたという。

庵原朝昌は、駿河国庵原荘出身の武士で、もともとは父朝綱《ともつな》とともに今川義元《いまがわよしもと》・氏真《うじざね》に仕えていた。氏真の代になってから家督を継承したが、今川家から離れて武田信玄や戸田氏繁《とだうじしげ》に仕え、その後に津田信成《のぶなり》の仲介によって井伊直政に仕え、一五〇〇石を与えられた。しかし、すぐに井伊家を離れ、一時牢人となってしまう。その後、松平忠吉《まつだいらただよし》の仲介により、直政の死去直前に帰参し、死後は直継に仕えて二〇〇〇石を拝領している。ただ、『貞享異譜』では、武田信玄ではなく勝頼に仕えたとし、直政に出仕した時期を慶長元年（一五九六）としている。しかし、「吉政覚書」によって九戸の陣に従軍していることが明らかになったので、箕輪入部後すぐに直政へ出仕していたのであろう。以後、庵原家は木俣家に次ぐ、彦根藩重臣として活躍していくことになる。

第二十二条は、再び九戸城攻めの様子である。籠城側としばらくにらみ合っていたが、諸大名が蒲生氏郷のところで寄合を開催した。諸将が集った「惣御談合」となったが、城内で謀反を企てた衆を成敗しようとしていたときに、井伊家の宇津木治部右衛門泰繁《やすしげ》が法度《はっと》に背いて、その場へ勝手に出て行ってしまった。

これを聞いた直政は、軍令違反であるから即刻成敗しようとしたが、泰繁は浅野長吉の家臣・仙石《せんごく》徳斎曽繁《とくさいそうはん》を頼って助けを求めた。そのため、泰繁は浅野右近忠吉の預かりとなり、最終的には長吉の仲介によって成敗は回避され、事は済んだという。その現場と吉政がいた場所とは谷を隔ててすぐだったので、泰繁の様子を見ていないものはいなかったという。とくに、秋田衆・「坂田」衆・最上《もがみ》衆はよく見ていたと述べている。

九戸城の戦いを復元する

九戸城の戦いは全国的にも有名だが、実はその様子を具体的に物語る当時の文書史料は、二点しか存在しない。一点目が、九月十四日付けの長束正家《なつかまさいえ》宛て浅野長吉書状写（「浅野家文書」）である。これによると、九月一日に豊臣軍が直接姉帯城・根反城を攻撃し落とすと、その他の「端城」も開城し、九戸城で籠城戦が始まったという。そして、早くも翌日の二日に九戸城を取り巻いて速やかに堀際まで仕寄を付けたところ、しばらくして九戸政実が髪を剃って降伏してきたので、豊臣秀次に政実と妻子を進上している。それだけでなく、籠城した悪逆人一五〇人余りの首を刎ねて秀次に進上し、さらに櫛引清長も降伏してきたので、清長と妻子を秀次に進上したとしている。

二点目が、十月五日付けの井伊直政宛て豊臣秀吉朱印状（「井伊家文書」）である。ここでは、井伊軍が仕寄などを油断なく行い、粉骨を尽くしたことによって逆徒を成敗したということを、蒲生氏郷から聞いたと述べている。この二点の史料から、豊臣軍が九戸城を包囲し、堀際に仕寄を付けて攻めている様子がうかがえるが、まさに「吉政覚書」の内容と合致するといえよう。

このほかは、甲斐国の武士である跡部盛宗《あとべもりむね》の「戦功覚書」（「雞肋編」）に姉帯城攻めのことが簡単に記されているくらいで、軍記物や後世に作成された九戸城包囲の様子を描いた絵図に頼らざるをえない状況である。そのため、「吉政覚書」は非常に貴重なものといえるが、実は九戸城包囲に関する絵図は数多く残されており、『二戸市史』において類型化して検討されている。ここではそれを紹介しつつ、「吉政覚書」の内容と比較してみたい。

『二戸市史』では十一種類の絵図が確認されているが、それぞれの絵図で包囲している武将の陣地の場所が異なっている。それでも、大きく六類型に分けることができるという。そのなかで、南部信直の陣所が九戸城の北東に位置する陣場山《じんばやま》にあるものが五種類、井伊直政の陣所が陣場山にあるものが七種類、その七種類のうち、津軽・秋田などの奥羽勢が城の東側に位置するものが五種類あるとする。

もう少し細かく見ていくと、井伊直政の陣所を城の東側とするものが三種類、南側とするものも二種類存在する。同じく南部信直の陣所を東側とするものが七種類あり、南部以外の奥羽衆の陣所を西

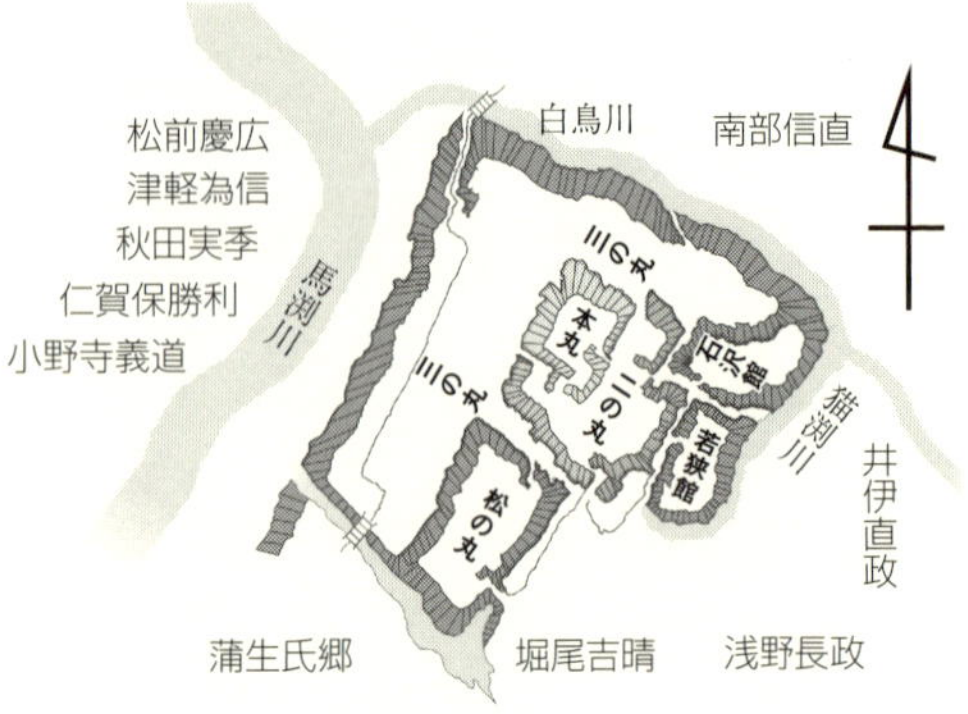

図6　九戸城包囲網概念図　『二戸市史』（第一巻先史・古代・中世、2000 年）掲載図をもとに作成

側の馬淵川《まべちがわ》対岸に描くものが三種類存在している。このほか、蒲生氏郷の陣所を南側とするものが七種類、南西側とするものが五種類、浅野長吉の陣所を南側とするものが三種類、南西側とするものが七種類、堀尾吉晴の陣所を南側とするものが八種類、南西側とするものが二種類、北側とするものが二種類ある。軍記物の記述も同様で一定しないが、井伊軍が北側に陣取っていたとするものが多い。このように、絵図や軍記物によって諸将の陣所の場所はバラバラであり、正確なところはほとんど不明であるといわざるをえない。

一方、「吉政覚書」によれば、吉政が所属する井伊軍は、一番に城へ攻め寄せたという。そのようなことがしやすい位置に在陣していたとも考えられよう。そうなると、九戸城は三方を馬淵川・白鳥川《しらとりがわ》・猫渕川《ねこぶちがわ》に囲まれており、いずれも深い川であることからして、南側ないし南西側、すなわち九戸城の大手方面から攻めたと考えるのが無難だろう。庵原朝昌の事件を吉政が「川」ではなく、「谷」（あるいは堀か）を隔てて見ていたと証言していることも傍証となろうか。絵図や軍記物では井伊軍が北東側の陣場山に在陣したとするものが多いが、状況的に厳しいだろう。同様に、蒲生氏郷や浅野長吉らも南側ないし南西側に在陣していたと思われ、堀尾吉晴が北側に在陣していたとする説も誤りではなかろうか。

また、庵原朝昌の事件を秋田実季《さねすえ》軍や「坂田」（＝酒田で上杉軍か）、最上義光《よしあき》軍がよく見ていたとしていることから、井伊軍と秋田・酒田・最上軍は隣接して在陣していた可能性が高いのではないだろうか。このうち、絵図・軍記物では、秋田軍は奥羽勢の一員として城の東側に在陣していたとするものがほとんどである。一方、上杉軍と最上軍については参陣していたことを明確に示す史料はなく、配置について記した絵図も存在しないが、『奥羽永慶軍記《おううえいけいぐんき》』には、義光自身は病気であったため、一族の最上内膳正・同遠江守光信《みつのぶ》三〇〇余騎を派遣したとある。また、同書には最上軍は蒲生軍と同陣したとあることも注目される。そうだとすると、状況的に井伊軍と蒲生軍も隣接していた可能性が高くなる。

九戸合戦に関する史料は極端に少なく、絵図類も混乱がみられるが、「吉政覚書」によって、わずかばかりだが具体像がみえてきたとはいえないだろうか。

宇津木泰繁の軍令違反

本条には、宇津木泰繁が法度に背いて、行ってはいけない場へ勝手に出て行ってしまった事件が記されている。これは事実なのだろうか。

宇津木泰繁は、氏久の息子である。九戸の陣のときに二十歳であったというので、元亀三年（一五七二）生まれということになる。宇津木氏の本拠は上野国福島玉村（群馬県玉村町）で、父氏久は北条氏の家臣として上野国金山城（同太田市）に在城するなどして活躍していた。北条氏滅亡後は在所に戻り、井伊直政からの誘いに応じず奉公を断ったが、息子である勝三郎（泰繁）を出して奉公させた。

召し出された泰繁は、九戸の陣後に福島で六〇〇石を与えられ、氏久も隠居料として二五八石を与えられた。その後、関ヶ原の戦い後に直政の遺言により二〇〇石を、大坂の陣後も三度加増されるなどして、都合二〇〇〇石の重臣となった。泰繁は、鉄炮術にも長けており、慶長十九年（一六一四）に稲富流《いなとみりゅう》砲術の祖として有名な稲富一夢《いちむ》から砲術伝授書をえている。以後、宇津木家は代々砲術の家として活躍している。

このように、泰繁も吉政とともに藩政初期の重臣の一人なのだが、九戸の陣に参加していたことがわかる。では、「吉政覚書」に記されている出来事は事実なのだろうか。実は、何を隠そう当の本人が、慶長十九年九月十六日付けで記した文書で、この事件について触れているのである（「宇津木文書」）。

当時の泰繁は困窮状況にあったようで、文書全体としては知行・足軽の回復を井伊直孝に訴える内容となっているが、そのなかに「奥州九野平御陣」での出来事が記されている。泰繁は九戸御陣にお供して高名を挙げたが、直政から命じられていない場所へ勝手に出て行ってしまい、直政から「御折檻」

を受けたものの、浅野長吉を頼って「御侘言」を申し上げたことにより許され、具足や脇差を拝領したというのである。「吉政覚書」の内容と見事に合致し、かつ当の本人が語っていることであるので、実際に起きた出来事であるということは間違いない。

それにしても、泰繁が明確な軍令違反を犯したにもかかわらず許されたのは、なぜなのだろうか。第一章でも取り上げたが、概して軍令違反は厳罰の対象である。ところが、泰繁の場合は許されただけでなく、これをきっかけに正式に召し抱えられ、本領六〇〇石および直政着用の具足などまで与えられているのだから、世の中よくわからない。

2. 関ヶ原の戦いでの活躍

関ヶ原の戦いと井伊家

九戸政実の乱以後も、吉政は引き続き井伊家に仕えていた。この間の様子はまったく史料が残されておらず、どのように過ごしていたのか不明である。だが、わずかにその痕跡がみられる。後ほど改めて取り上げるが、彦根に移ってからの慶長九年（一六〇四）九月十一日付け井伊直継宛行状（「彦根城博物館所蔵里見家文書」。本書付録【史料1】）では、五〇〇石を宛行われている。そのうちの五〇石が、上野国内となっているのである。このことから、おそらく上野在国時にすでに井伊直政から相応の知行地を宛行われていたのだろう。『貞享異譜』や『彦根藩士系図』によると、それは四〇〇石だったといい、関ヶ原の戦いの功績により、一〇〇石加増されて五〇〇石になったという。具体的な場所まではわからないが、おそらく本領の里見郷周辺も含まれているのではないだろうか。

次に吉政が史料上明確に登場するのは、慶長五年の関ヶ原の戦い時である。同年六月、徳川家康は上洛命令に従わなかった上杉景勝を討つことを決意する。同月十六日に京都を出陣し、七月二日に江戸に到着した家康は、七日に軍令状を諸方面へ発し、会津出兵の準備を着々と進めていった。当然、直政も江戸へ向かうべきであったが、しばらくは高崎にいたことがわかっている。実は直政は、「よこねふるい」という病気を発症していたのである（「真田家文書」）。「よこねふるい」の「よこね」＝横根とは、足の付け根にある鼠径リンパ節の炎症性腫瘍で、それが痙攣を起こしていた、ということのようである。それでも、十五日頃には病を押して江戸に向かったとみられる。

家康の本隊は二十四日に下野国小山（栃木県小山市）に着陣したが、翌日には上方の不穏な情勢をうけて方針を転換した。徳川秀忠を大将とする主力部隊を宇都宮（宇都宮市）に置いたうえで、先に豊臣恩顧の諸将を中心に上方に向けて引き返させ、家康自身も尾張国清須（愛知県清須市）付近で合流することにしたのである。

ところが、その直後に石田三成らが挙兵した情報をえると、またもや方針を転換した。家康の出陣は延期され、代わりに「名代」として井伊直政が出陣することになったのである。これは、豊臣恩顧の諸将の動向を見極めるためであった。直政は、体調面に不安を抱えながらも八月四日に小山を発ち、途中から派遣された本多忠勝とともに十四日に諸将と合流、清須城に入城した。二十一日には岐阜城攻めを開始し、二十三日にこれを落とすと、西軍方の拠点大垣城（岐阜県大垣市）に向かって美濃国赤坂（同大垣市）に着陣した。

家康も九月一日に江戸を出陣し、十四日に赤坂に着陣、直政らも合流した。そして翌十五日、ついに関ヶ原の戦いが勃発した。井伊隊は、松平忠吉隊とともに決戦の火ぶたを切ったとされている。井伊隊の先手は、重臣木俣守勝隊と鈴木重好《すずきしげよし》隊で、宇喜多秀家《うきたひでいえ》隊に攻めかかり、見事攻め崩している。東軍の勝利が決定的になった後、さらに井伊隊は、敵中突破をして退却しようとしていた島津義弘《よしひろ》隊を追撃した。だが、そのときに島津隊が放った鉄炮が直政に命中してしまった。これにより、直政は右腕（右肘、あるいは両方との説もあり）に重傷を負ってしまった。

「吉政覚書」第二十三条・二十四条は、そんな関ヶ原の戦い時の井伊隊や吉政の様子が記されている。

吉政、関ヶ原の戦いに臨む

第二十三条は、「吉政覚書」のなかでもっとも筆者が苦しめられている箇所である。ここの解釈がどうしてもできない。筆者の読解力のなさを露呈することになり、恥ずかしい限りであるが、以下述べることは、あくまで一つの解釈案ということで、ご了承願いたい。

関ヶ原合戦のとき、直政は家老の鈴木石見守重好へ次のように命じた。「このたび、里見喜兵衛にも十騎を率いることを命じたが、自分の体調がすぐれない。そのため、そなたは木俣土佐守守勝と二人で一組として働くべきなのだが、自分の気分がすぐれないときは、たびたびそなたを呼び戻すことにする。そのときは、そなたが離れた後に吉政を馬に乗せて指揮させよ。いつ直政が呼んだとしても、鈴木隊の陣形を乱すことなく、吉政を乗せるように」と命じられた。

吉政に付属させられた十騎のうち、三人が体調不良になってしまった。残り七人のうち、吉政のことは言うまでもなく、上野権太夫・野村勘左衛門・加藤杉右衛門が右記の七人のうちに含まれ、吉政も合わせて五人が高名を挙げた。このようになったので、後先が早かろうが遅かろうが、その活躍ぶりは申し分なかった。この一件の証人は、ほかでもない鈴木重好である。とくに吉政のことについては、現場に重好が駆け付けてご覧になった。吉政の手柄が一番であった。これについて吉政と争う人はいないだろう。

第二十四条は、井伊直政が島津軍を追撃した際、鉄炮で撃たれ負傷したときのことが記されている。このときも吉政はその場へすぐに駆け付け、相応の役割を果たしたという。

謎が多い関ヶ原での行動

第二十三・二十四条から、吉政が関ヶ原の戦いに参加し、活躍していたことが判明する。第二十四条が、直政が負傷したときの話なので、第二十三条の内容は宇喜多秀家隊に攻めかかるときのことであろうか。

関ヶ原に関する記録・編纂物をみると、参加した家臣のなかに吉政が含まれていることがあり、それ自体は比較的知られた情報だったようである。そのせいか、幕末に作成されたという著名な関ヶ原合戦図屏風（井伊家本・木俣家本）にも、吉政の存在を確認することができる。井伊隊は、井伊直政や岡本半介などのほかは、大量の真っ赤な旗指物に金色で武将の名前を一人一人記して表現されているが、井伊隊の一番右下、ちょうど切れてしまっている部分の旗指物群のなかに、「里見喜」の文字が見える。この図屏風の作成時に、吉政が関ヶ原合戦に参加していたという情報があったことがわかる。

だが、合戦当日の吉政の動向については、まったく不明である。それだけに、「吉政覚書」の記述は貴重なのだが、いかんせん内容がよくつかめない。「御手前」や「煩」という言葉をどう解釈するのかが難しいが、直政の体調が悪かったように読める。あるいは重好の体調が良くなかったのか。諸史料を見ても、直政の体調不良は有名だが、重好のことについてはとくに記されていないようである。同じく、吉政に付属させられた十騎（十人）のうち三騎（三人）が体調不良になったと読める。この話も、ずいぶん唐突である。いったい、どういうことなのだろうか。

上野権太夫・野村勘左衛門・加藤杉右衛門の三人も、調べた限りはどのような人物なのかわからなかった。この三人と吉政、合わせて五人が高名を挙げたと記すが、もう一人は誰なのか記されていない。単なる書き忘れなのか、数え間違いなのか、まったくわからない。

ただし一点だけ、関係史料と合致する部分を見つけた。それは、直政が吉政に十騎を仰せ付けたという記述である。実は、元禄十年（一六九七）の三代目武右衛門の由緒書にも、関ヶ原において直政が吉政に「騎馬十騎仰せ付けられ候」と記されているのである。十騎を率いる大将に抜擢されたこと自体は、事実と考えてよさそうである。

第九章　彦根藩の重臣となる

1．藩士として出世する

吉政、彦根へ移る

関ヶ原の戦いの功績により、井伊直政は上野国高崎十二万石から近江国佐和山《さわやま》（滋賀県彦根市。彦根城は慶長八年〈一六〇三〉、直継により築城開始）十八万石（うち上野三万石）へ加増・転封となった。これにともない、吉政も上野国から彦根へ移住することになった。このときは主人を替えることをせず、そのまま直政に付いていったのである。直政は、狙撃された傷が完治しないまま、関ヶ原後も諸方面で活躍したが、この傷も一つの原因となり、慶長七年二月一日に死去してしまった。

彦根に移った直後の吉政については、断片的に史料が残されている。第一章でも述べたが、慶長七年の分限帳では「御供（詰）之衆」としてみえ、五〇〇石の知行高だったことがわかる。なかでも注目すべきものとして、慶長九年九月十一日付け井伊直継知行宛行状が挙げられる（「彦根城博物館所蔵里見家文書」。本書付録【史料1】）。吉政に宛てた知行宛行状としては現存最古のものであり、大変貴

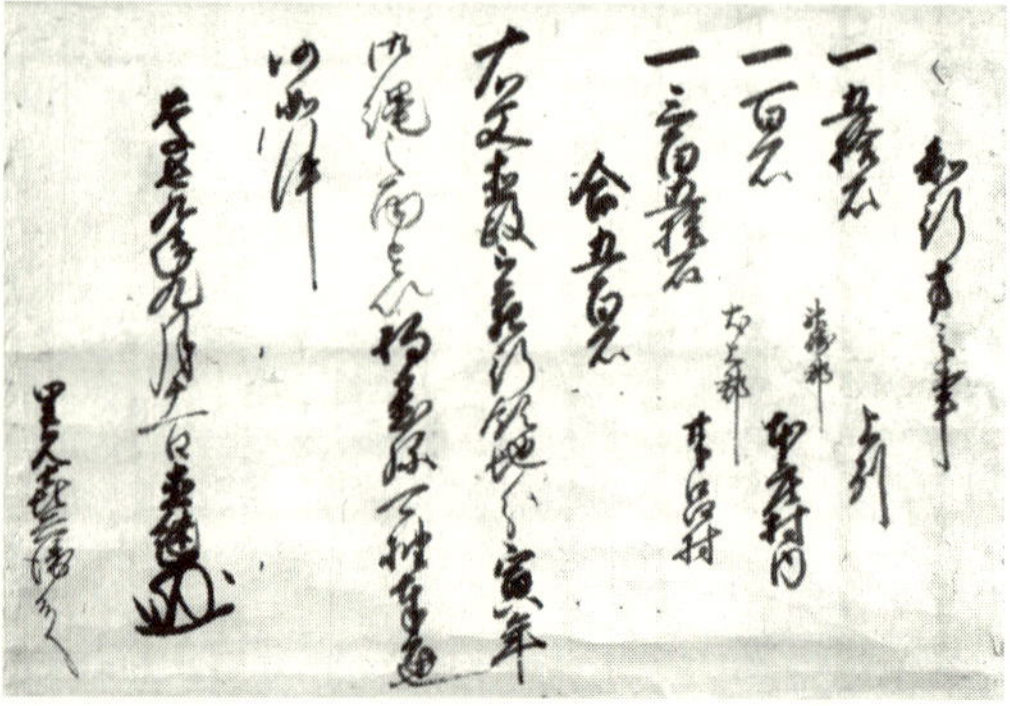

慶長９年９月11日付け井伊直継知行宛行状　「里見家文書」
彦根城博物館蔵

重な史料である。それによると、上野国内で五〇石、近江国神《かん》埼《ざき》郡本庄村（滋賀県彦根市本庄町）で一〇〇石、同国犬上《いぬかみ》郡甘《かん》呂《ろ》村（同彦根市甘呂町）で三五〇石、合計五〇〇石が宛行われている。吉政は、着実に彦根藩士としての地位を固めつつあったのである。

一方、ほぼ同時期に面白いことが起きている。安房の大名里見義康《よしやす》の弟である里見忠重《ただしげ》が、上野国板鼻《いたはな》（群馬県安中市）に一〇〇〇〇石（八〇〇〇石とも）で入部したのである。吉政にとっては、同じ里見一族で遠い親戚ともいえる。彼は徳川秀忠に仕えており、慶長六年正月十四日に「忠」の字をもらい、忠重と名乗るようになった。これとほぼ同時期に板鼻に入部したものと思われる。関ヶ原の戦いの論功行賞の一環だろうか。

彼の所領支配については、慶長十三年四月十七日に板鼻の長伝寺《ちょうでんじ》に寄進状を出しているほかは不明で、同十八年十月に職務怠慢という理由で改易されてしまう。板鼻は里見郷の隣の地域であり、一説では里見郷も彼の所領に含まれていたという。吉政と忠重に直接的な関係があったのかどうかは不明だが、この頃の里見郷がどうなっていたのかは気になるところである。

もう一つ、第一章でも触れたが、おそらく彦根に移ってからほどなく長男喜兵衛が誕生したと考えられる。それまで吉政は結婚をしていなかったのだろうか、妻は誰なのだろうか、まったくわからない。あるいは娘が先に生まれていた可能性もあるが、いずれにせよ、五十歳頃にして初めて男の子を授かったことになる（養子ではないと思われるが）。生まれてきた我が子を見て、吉政はどのような気持ちになっていたのであろうか。

井伊家の家中騒動に巻き込まれる

直政の死後、家督を継いだのは当時十三歳の直継であった。直継は直政の正室の子で、天正十八年（一五九〇）二月に遠江国浜松《はままつ》（静岡県浜松市）に生まれた。家督継承後、直継が行った最初の大仕事は、慶長八年（一六〇三）からの彦根城の築城であった。同十一年にひとまず無事完成させ、佐和山城から移住している。

だが、直継は幼少のうえに、家中を統率する力量が十分備わっていなかったようである。そのため、慶長十年に家中を二分する大騒動が起きてしまった。

事の発端は、重臣の河手良行《かわてよしゆき》・椋原正直《むくはらまさなお》・西郷重員《しげかず》らが連名で、家老の鈴木重好の不正を幕府に訴えたことによる。十五ヶ条にわたる長文の訴状では、重好は金銀の不正流用や年貢未進の不正処分、役儀や懲罰・知行宛行に関する不正などを行っており、総じて親しい者だけを登用したり、処罰を軽くしたりするといった不公正な政務を独断で行っていると、激しく非難している（「木俣留」）。

この騒動の根底には、井伊家特有の事情が絡んでいた。この頃の井伊家は、井伊谷《いいのや》三人衆の一人で家中最大の五五〇〇石の知行高を誇った鈴木重好や、家康から配属された四〇〇〇石の木俣守勝、同じく四〇〇〇石の河手良則《よしのり》、三五〇〇石の西郷正員など、さまざまな出自をもつ家臣たちによって構成され、なんとか均衡が保たれていたという状態であった。だが、慶長六年に河手良則が、同九年に西郷正員が相次いで死去すると、徐々にその均衡が崩れ始め、重好の専横が目立ってきたのである。

騒動時の鈴木派と反鈴木派、それぞれのメンバーを記した史料が残されている（「木俣留」）。鈴木派は一四五名、反鈴木派は二二二名であったが、そこに吉政は鈴木派として登場していることが確認できる。「吉政覚書」第二十三条でもうかがえたが、どうやら吉政は重好との関係が深かったようで、そのため鈴木派に加わったものと思われる。

この騒動は、家康が動くことによってひとまず収まった。家康は、表向きに取り沙汰することはせず、重好と嫡子重辰《しげたつ》を井伊家から追放することによって解決を図ったのである。結果的には、重辰については木俣守勝の進言により追放は免れ、双方が誓詞を提出し、以後変わらず直継へ奉公することを誓い合うことで収まった。そして、直継は従来通り、木俣守勝に政務を任せることにした。ちなみに、重好は元和四年（一六一八）に徳川秀忠の命により水戸藩の家老に抜擢されているのだから面白い。

ところが、その後も家中運営はうまくいかなかった。二年後の慶長十二年二月に再び騒動が勃発したのである。今度は、追放を免れた鈴木重辰と西郷重員が争論を起こし、幕府の知るところとなった。これがどのように解決されたのかは不明だが、比較的早く収まったようである。また、同十五年には木俣守勝が死去したが、直継は守勝の子守安《もりやす》ではなく、鈴木重辰と椋原正直を家老に任じた。だが、守安は守勝とともに家中の人望が厚かったため、これもまた家中を動揺させてしまうことになった。

立て続けに家中騒動が起きてしまう状態の井伊家をいかに保っていくのか。これが、彦根藩成立時の井伊家が直面した大きな課題であった。

一〇〇〇石の重臣となる

家中騒動後の吉政は、どのように過ごしていたのだろうか。実は慶長十年代は、吉政に関する史料が豊富な時期なのである。

まず、慶長十二年（一六〇七）の分限帳では、「詰衆」として五〇〇石（上野にて五〇〇石）という記載がみられる（「井伊年譜」）。先に見た慶長九年段階と同じであり、上野国内にも引き続き知行地を持っていたことがわかる。また、これが作成された直後と思われる、慶長十二年九月二十七日付け彦根藩奉行人大鳥居《おおとりい》玄蕃《げんば》ほか二名による知行宛行状がある（「彦根城博物館所蔵里見家文書」。本書付録【史料2】）。それによると、吉政は近江国浅井《あざい》郡中野《なかの》村（滋賀県長浜市中野町）・坂田《さかた》郡榎木《えのき》村（同長浜市榎木町）で三〇〇石を加増され、郷村の百姓が「沈淪《ちんりん》」（零落して逃亡すること）しないよう「当物成《とうものなり》」（今年の年貢）から所務《しょむ》（徴収すること）するようにとしている。以前の五〇〇石と合わせて、都合八〇〇石の知行高となったことになる。

同十四年に比定される九月五日には、浅野長政《ながまさ》（長吉から改名）から吉政へ書状が出されている（「彦根城博物館所蔵井伊家文書」。本書付録【史料6】）。関連史料が乏しく正確な解釈が難しいが、長政は京都方面から江戸方面へ向かっていたようである。その途中で長政が彦根近郊の愛知川《えちがわ》（滋賀県愛荘町）にて吉政の様子を尋ねたところ、佐和山へ吉政が帰ったとの情報をえたようだ。そして、直継から某所（草津《くさつ》〈滋賀県草津市〉か）での宿泊や「兵粮・馬之飼・ぬか草」さらには「人足・伝馬」まで、いろいろと馳走してもらった礼を述べ、直継に伝えるよう吉政に要望している。さらに、吉政が草津までやってきて長政に対して馳走してくれたことにも礼を述べ、小袖《こそで》・道服《どうぶく》（上衣・羽織）を贈っている。追って書きでは、本来なら直継に使者を派遣して直に礼を述べるべきだったが、直継が病気中ということで取り止めたので、そのことを吉政が心得て直継に伝えてほしいと要望している。

先述したように、忍城攻めの時点で吉政は浅野長政に仕える身であった。それが、いまや彦根藩士としての立場から、このような書状のやりとりをするようにまでなったわけである。吉政も長政も、昔を懐かしく思うと同時に、時の流れを感じていたことだろう。

慶長十六年の史料にも、吉政は登場する。同年七月三日、江戸にいた直継の弟井伊直孝から、直孝の祝言への見舞いとして帷子《かたびら》と内単物《うちひとえもの》を贈ったことに対する礼状をもらっているのである（「彦根城博物館所蔵井伊家文書」。本書付録【史料4】）。直孝は、直政の側室の子で、直継と同年齢であった。天正十八年九月十五日に遠江国中里《なかざと》（静岡県焼津市）で生まれ、ほどなく上野国箕輪へ移った。直政は、正室に気を遣って直孝を中後閑村《なかごかん》（群馬県安中市）の萩原図書に預け、下後閑村（同安中市）の北野寺の恵算という僧侶に学問を学ばせた。直政の没後、直孝は徳川秀忠の近習となり、慶長十五年には上野国白井《しろい》（同渋川市）一〇〇〇〇石の大名となっていた。

ここでいう祝言とは、家康の命で直孝が蜂須賀家政の娘阿喜姫《あきひめ》と結婚したことを指す。従来、直孝の結婚については、『徳川実紀《とくがわじっき》』（「台徳院殿御実紀」）の元和元年条の記載、あるいは『寛政重修《かんせいちょうしゅう》諸家譜《しょかふ》』第十二の井伊直孝の項の記載から、直孝が家督を継承し、大坂の陣を終えた後の元和元年（一六一五）に、家康の命によって行われたとされてきた。しかし、三宅正浩氏による蜂須賀家関係史料の検討などによって、それが慶長十六年のことであったことが判明した。直孝二十二歳のときであった。遠路の見舞いとあることから、当時吉政は彦根にいたのだろう。

そして同年十月六日には、井伊直継から近江国愛知郡吉田村《よしだ》（滋賀県豊郷町吉田）、よきとき（斧磨）村（同愛荘町斧磨）、えた（枝）村（同豊郷町上枝・下枝）、中下村（同彦根市金沢町）、犬上郡普賢寺村《ふげんじ》（同彦根市犬方町・広野町）で二〇〇石を加増された（「彦根城博物館所蔵里見家文書」。本書付録【史料3】）。以前からの八〇〇石と合わせ、都合一〇〇〇石の知行高となった。この一〇〇〇石が、吉政の人生で最大の知行高となる。こうして吉政は、名実ともに彦根藩の重臣の仲間入りを果たしたのである。

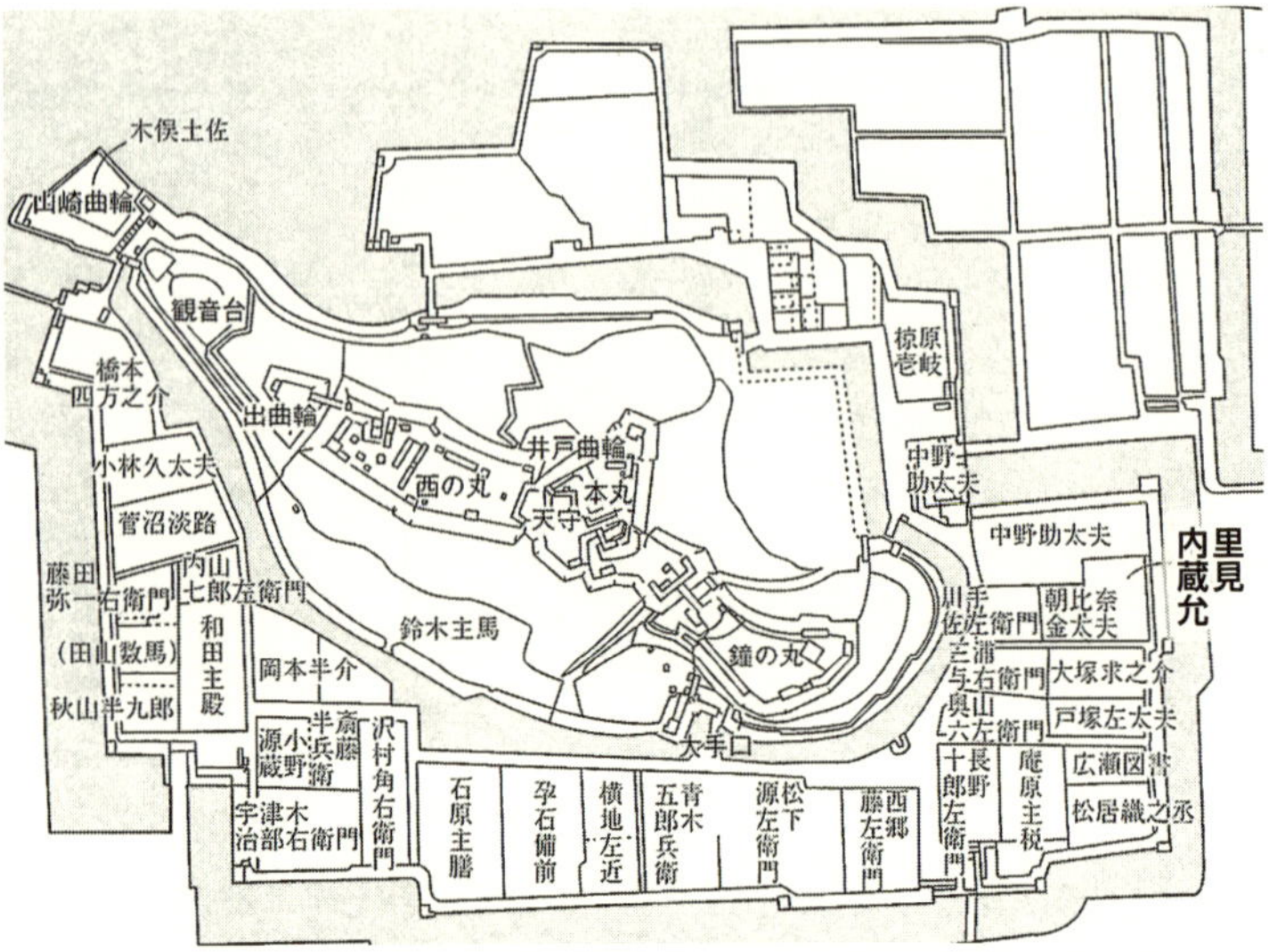

図７　慶長期の重臣屋敷位置（「藩士新古家並記」）『新修彦根市史』第二巻通史編近世より転載・加筆

里見家はどこに屋敷を構えたか

重臣となった吉政は、彦根のどこに屋敷を構えていたのだろうか。佐和山城が本拠だった時期については不明だが、彦根城に移ってからについては、それを示す史料として「藩士新古家並記」がある。彦根城内の家臣屋敷の配置について記されているのだが、吉政は「里見内蔵允」として、内曲輪佐和口近く、現在の滋賀県立彦根東高等学校の敷地東端、中堀に面した場所に屋敷を構えていたことが判明する。佐和口御門は、今では彦根城を訪れる際には必ず通るような城門だが、そのすぐ近くに屋敷を構えていたのである。一〇〇〇石の重臣にふさわしい場所であろう。

なお、『慶安四年家並帳』によると、二男武右衛門が「内曲輪上」に、三男弥次左衛門が「西ヶ原西のかわ」に居住していたことがわかる。武右衛門は、おそらく吉政の屋敷地をそのまま継承していたのであろう。西ヶ原は、城下町の西北端、琵琶湖に近い場所である。

その後、里見家が中小家臣に変化していくに従い、内曲輪の屋敷地はもちろん、西ヶ原の屋敷地も失ったようで、文化九年（一八一二）の『御家中家並帳』では、里見八十八（弥次左衛門家七代）が城下町の東端にあたる「上新屋敷川端東町」に、文化十・十一年の『御家中家並帳』では、里見十右衛門（八十八から改名）が同所に、安政三年（一八五六）の『家中家並帳』では、里見犀介（弥次左衛門家八代）がやはり同所に居住していたことが確認される。

井伊直継の安中行きに従う

順調に出世していった吉政だったが、彦根藩の内情は決して穏やかなものではなかった。先述のように、家中騒動の後も、井伊直継は家中を十分に統制することができずにいた。そのうえ、直継は病気がちであったともいうが、定かではない。少なくとも慶長十七年（一六一二）十二月には、徳川秀忠に調達を命じられた鉄炮を納めていることもあり、この頃は普通に任務をこなせる程度ではあったといえよう。

だが、この直後から事態は大きく変化する。直継の弟である直孝が、慶長十八年七月に伏見城番を秀忠から命じられたのだが、どうやらそれと入れ替わる形で、直継が翌年春頃に上野国内の知行地である安中（群馬県安中市）へ下っていったのである。「吉政覚書」第二十二条に関連して前掲した、慶長十九年九月十六日付けの宇津木泰繁の嘆願書には、「御下」と表現されている。幕府は、もはや直継の能力には期待していなかったのだろう。

そのような状況のなかで起きたのが、慶長十九年の大坂冬の陣であり、幕府は直継ではなく直孝に出陣を命じた。直孝は大坂両陣で大活躍し、夏の陣後に直継に代わって家督を継承し、二代目（廃嫡された直継を含めれば三代目）彦根藩主となった。一方の直継は、分藩された安中藩の藩主となり、名も直継から直勝《なおかつ》に改めている。

さて、大坂の陣前後の時期に、吉政は何をしていたのだろうか。実は、直継の安中行きに従った家臣九十二名の名簿が残されている（「中村達夫氏所蔵文書」）。安中行きにともない、井伊家家臣は直孝付きと直継付きに分割されたのだが、そのなかに松下右衛門尉や小野八右衛門尉などとともに、「里見内蔵丞」も記されている。つまり、吉政は大坂の陣に参加せず、安中にて直継に付いて働くことを命じられたのである。なお、『貞享異譜』では「安中御留守」と表現されている。

これに関連する史料も存在する。（慶長十九年カ）八月十八日付けの井伊直孝書状（「彦根城博物館所蔵井伊家文書」。本書付録【史料5】）で、安中にいる吉政と青木五郎兵衛・小野八右衛門に宛てたものである。難解な文書だが、少なくとも吉政が大坂の陣に参加せず、直継に従って安中へ行っていたことが確実にわかるものである。

ここで直孝は、直継が息災にしているかを尋ねつつ、「御法度」を直継がきちんと守るよう各々が直継に意見するよう伝えている。また、下々の風説として、直継が上野国内の知行地の山林を勝手に売っているとの情報を得たが、いったい誰の助言によるものであろうか、幕府へこのことが聞こえてしまえば、直継の立場に大きな影響を与えかねないので、止めさせるよう求めている。追って書きでは、何か問題が発生した場合は、すぐに飛脚で知らせるよう念入りに伝えている。直継がなぜ山林を売却するなどの行為に出たのか不明だが、直孝が直継の動向を気にかけていたことは間違いない。

なお、安中は里見郷のすぐ近くである。吉政は、あるいはこの頃、久しぶりに郷里を訪ねる機会をもったのかもしれない。

多賀大社の慈性との交流

大坂の陣の直後だろうか、吉政は安中から彦根に戻っている。直継に従った家臣のなかには、そのまま直継に仕え、安中藩士となったものも多かったが、吉政はそうはならず、彦根に戻ることができた。やはり、あくまで彦根藩の重臣として直継の動向を注視する役割に徹していたのであろうか。

彦根に戻った後の吉政は、多賀大社《たがたいしゃ》（滋賀県多賀町）別当不動院《べっとうふどういん》の慈性《じしょう》が記した『慈性日記』にたびたび登場する。慈性は天台宗《てんだいしゅう》の僧侶で、青蓮院《しょうれんいん》の院家《いんげ》・尊勝院《そんしょういん》の第二十二代住持である。徳川家康の命により、慶長十二年（一六〇七）より不動院の住持も兼帯していた。この日記から、元和年間の吉政の動向を追ってみよう。

まず、いきなり驚きの事態が発生している。元和二年（一六一六）十月二十一日、慈性のもとへ木俣守安から書状がやってきた。なんと、吉政が直孝から「勘当《かんどう》」されたので、まずは多賀大社に吉政を謹慎させたいと願ってきたのである。慈性は心得ましたと返信をし、多賀大社の塔頭《たっちゅう》の一つである正覚院に置くことに決まったという。

いったい、吉政と直孝の間で何が起きたのか、残念ながら詳しい事情についてはまったく記されていない。関連史料も存在しない。ただ、本書でもたびたび言及したが、主君と家臣が対立して勘当されたり出奔したりすることは、当時よくあることでもあった。おそらく、若い主君である直孝と、六十五歳になっていた吉政との間で、意見の相違がたびたびあったのだろう。

その後、いつまで謹慎していたのかは不明だが、元和四年閏三月十九日に再び登場し、木俣守安や岡本宣就らとともに慈性から音信を受けていることが確認できる。そのため、この間に謹慎が解け、彦根に戻っていたものと思われる。蟄居期間中、吉政は何を思い、日々の生活を送っていたのだろうか。今となってはまったくわからないのが残念である。

この後、慈性は同年四月十二日に音信を、五月六日に節句の祝儀を、七月三日に書状・音信を、九月二十六日に書状を、翌元和五年四月一日に書状を、それぞれ吉政に送っている。謹慎が解けた後の吉政は、これまでどおり重臣として諸方面で活躍していたと思われる。

さらに元和九年三月十九日、慈性は訴訟の礼のため彦根に向かったが、その際に青木五郎兵衛邸で茶会が催され、吉政も御相伴として参加している。『慈性日記』は寛永二十年（一六四三）まで続くが、吉政が登場するのはこれが最後である。

『慈性日記』には、もう一つ注目すべき記述がある。序章でも触れたが、元和五年正月十四日に「里見平七」が多賀大社を訪れているのである。『慈性日記』にはこの一回しか登場しないが、先述のように彼は長男喜兵衛の可能性が高い。彼は元和六年に直孝の御小姓となったというから、その前年にあたる。なぜ彼が多賀大社の慈性のもとを訪れたのかは不明だが、里見家と多賀大社の繫がりをうかがうことができよう。

松平忠直の改易と彦根藩

『慈性日記』に最後に登場する元和九年（一六二三）、吉政にとって最後の大きな仕事ともいえるものが起きようとしていた。越前国福井藩六十七万石の松平忠直《ただなお》が、突如改易されるという事件が起きたのである。

松平忠直は、徳川家康の長男・結城秀康の長男で、福井藩二代目藩主である。慶長十一年（一六〇六）に徳川秀忠の三女勝姫《かつひめ》と結婚し、翌年に福井藩を相続している。元和元年の大坂夏の陣では、真田信繁《のぶしげ》を討ち取るという大手柄を立てたものの、領地を加増されることがなかったため、恩賞の少なさに不満を持つようになり、次第に乱行が目立つようになっていったとされる。しばらくしても乱行は止まなかったため、ついに秀忠は元和九年、忠直に隠居を命じた。これにより、忠直は豊後国萩原《はぎわら》（大分市）に流されてしまい、ついで近隣の津守（大分市）に移り、慶安三年（一六五〇）に没している。

この問題に対して、幕府からの命令か彦根藩独自の対応かは明らかでないというが、彦根藩は「越前陣」の準備に取りかかっている。そして、そのときに作成されたと思われる軍団編成に関する史料が残されている（「中村達夫氏所蔵文書」）。実に詳細なもので、そのなかに「旗本」のうち「鑓奉行」として「千石　横地左近」とともに、「千石　里見内蔵允」と明記されていることが確認できる。別の箇所では横地左近などと共に「里見内蔵允騎馬　壱人」との記述もある。鑓隊を率いながら自身は騎馬武者として出陣する予定だったのだろうか。さらに、重臣の中野三季助組のなかに「弐百石　里見平七郎　同金平」もみえる。『慈性日記』には平七郎のみ登場したが、ここでは金平も登場している。兄弟二人ともに中野組に所属している理由はよくわからない。

このときは軍事動員に至ることはなかったため、彦根藩勢が越前へ出陣することはなかった。実際に動員が行われたとすれば、吉政と息子たちが共に出陣する最初で最後の場面となっていたのかもしれない。結局息子たちは、戦場で華々しく活躍する父親の姿を一度も見たことがなかったのではないだろうか。「吉政覚書」で自身の戦歴を事細かに記した背景には、こうした親子をめぐる状況があったことも考えられよう。

2. 晩年の動向と吉政の想い

謎に包まれた死

松平忠直改易後の吉政の動向は、残念ながら不明な部分が多い。それもそのはず、吉政も元和九年（一六二三）時点で七十二歳になっていたからである。長男喜兵衛と思われる里見平七郎、二男武右衛門と思われる金平も成長し、それぞれ活躍し始めていた。吉政の人生にも、終わりが近づきつつあったのである。

序章で述べたように、彦根藩関係の諸編纂物によると、吉政は寛永七年（一六三〇）に隠居して三〇〇〇石を与えられ、同年に七十九歳で死去したことになっている。だが、実はこれには異説も存在する。

里見氏に関する史料を幅広く調査研究している滝川恒昭氏は、越前国鯖江《さばえ》（福井県鯖江市）の里見家に伝わる文書を紹介している（「成田山仏教図書館所蔵越前鯖江里見家家伝文書」）。鯖江里見氏は、房総里見氏の子孫を称し、江戸時代には里見家所縁の寺院・旧臣の子孫と広範な交流を持っていたという。それを前提に里見家の顕彰活動も行っていたのだが、先祖を調査する過程で上野国の里見氏にたどり着き、里見郷の光明寺《こうみょうじ》に里見氏関係の資料がないか問い合わせをしている。それに対して、光明寺の塔頭と思われる円成院《えんじょういん》の元真《がんしん》なる僧侶が、鯖江里見太郎左衛門に宛てた書状・覚書が残されている。年代は不明だが、江戸中期頃だろうか。注目すべきは、覚書のほうである。そこには、こう書いてある。

里見の系図善応寺什物に罷り成り候訳は、九十年程以前、彦根牢人の由ニ里見内蔵之助と申す仁、先祖由緒の地に候得ば、生涯爰元にて仕廻申したき由申され、最初当村へ落ち着き、其の後秋間へ移り居申され、手習等などの指南致され、七十二年已前秋間にて死去、則ち善応寺に葬り申し候、其の節より右の系図彼寺に納め置き候由に候、其の後紛失致し候事これあり候に付き、善応寺の本寺蓮花寺と申す寺より封印、猥りに見候事成らずと申し候、

元真は、里見郷の隣、秋間《あきま》村にある善応寺に里見氏の系図があることを伝え、なぜそれが善応寺の什物《じゅうもつ》になったのか、その由緒を述べている。この覚書から九十年ほど前に、彦根の牢人という「里見内蔵之助」なる人物が、先祖由緒の地なので生涯ここで暮らしたいということでやってきたが、その後秋間村に移住し、手習い等の指南をして生計を立て、七十二年ほど前に秋間村で死去し、善応寺に葬られたという言い伝えがあったのだという。善応寺は現在廃寺となっているが、かつて確かに存在した寺院で、天保六年（一八三五）の『秋間志』所収の絵図にも、「全応寺」として描かれている。善応寺は、安中市下秋間の山吹保育園の地が跡地だという。明治七年（一八七四）一月、敷地内に

秋間小学校が創立され、翌年三月に跡地を学校敷地として堂房を修理したというので、その頃まで存在していたことがわかる。現在も、保育園脇の道沿いの斜面に五輪塔や卵塔《らんとう》墓などの石造物が埋もれており、寺院があった痕跡を確認することができる。

さて問題は、ここで登場する「内蔵之助」が誰なのかである。以前、筆者は吉政だと考えていた。そうだとすると、吉政は晩年に「牢人」となり、彦根を離れて郷里の里見郷、さらに秋間村へ移住し、当地で死去したことになり、「吉政覚書」も晩年の上野国在住時代に書かれたものとなる。だが、十八年ほど上野国にいたことになり、これまで述べてきた吉政の動向と明らかに異なる。吉政ではないのならば、子孫のなかの誰かが該当するのかもしれない。たとえば、武右衛門家五代九郎次は追放処分を受けている。彼が後に「内蔵之助」と名乗り、里見郷へ移住した可能性もあるかもしれない。

それはともかく、実は晩年の吉政は郷里の里見郷と再び関わっているのである。もっといえば、里見郷を訪れた可能性さえあるのである。あるいは、史料上存在が確認できる元和九年以降に里見郷へ移住し、郷里で死を迎えた可能性もゼロではないかもしれない。吉政の死の真相は、謎に包まれている。

「吉政覚書」も、いよいよ最後の条である。

覚書で何を伝えたかったのか

長々と覚書を記してきた吉政は、最終的に何を子孫に伝えたかったのだろうか。以下、現代語訳をそのまま記そう。

両親のため、自分のため、そして子孫のためを思い、日本国六十余州に一国に三部ずつの法華経を納め置いた。本国である上野国里見にも六十六基の経塚を築き、本塚と合わせて六十七基の塚を築き、残し置いた。これは里見家の末代まで決して絶やしてはいけないものであるので、子孫の人は今後後見するように。法華経は、諸寺の経蔵や諸社の宝殿に籠め置いた。各国にあるので、子孫の人は後世になってから所望して拝見するように。このように菩提のためと思い、大俗の身として法華経を納めたにもかかわらず、これまで記してきた全二十四ヶ条について、少しでも嘘偽りがあったならば、法華経の功徳は無になってしまうだろう。こうしたことを理解して、私の想いをよくよく汲み取るように。

参考までに、第一章で触れた津田重久の「首数之覚」に再び触れたい。寛永六年（一六二九）十月二十日付けで六男の津田半四郎に宛てたものだが、「吉政覚書」とほぼ同時期で、類似性が高い史料である。その最後に、子孫に向けたメッセージが記されている。

先祖の言い伝えというのは余計なことではあるが、遠い子孫の時代になり国が乱れた後は、きっと先祖の事績についての伝承を失うことがあるため、ここに記し残すのである。一般に、武士の家柄を保とうと思えば、ありふれた手柄では価値はない。第一に天を畏敬し、正しい道の根本とすべきものである。そこで遠い子孫のために、以上記した通りである。

子孫のために自分の戦歴・人生を伝えるという想いは、両者に共通しているようである。

全国に奉納した六十六部廻国納経

本条で注目されるのは、晩年の吉政が、いわゆる六十六部の活動をしているということである。六十六部とは、日本六十六ヶ国をめぐり、各国の著名な寺社に六十六回書写された法華経を一部ずつ奉納することを目的とする廻国の巡礼行者、廻国聖《ひじり》のことをいう。単に六部と称されることもある。彼らの活動は、すでに十三世紀には始まっていたようで、十四世紀に活発となるが、十五世紀になると史料が少なくなり、実態がわからなくなる。

だが、十六世紀になると再び活発化する。十六世紀代では、書写した法華経を規格化された小型の経筒《きょうづつ》（総高十cmほど、筒身の口径五cmほど）に納めて各地の社寺に奉納したり、塚を築いて埋納したりすることが一般的となる。巡礼場所は、各国の一宮である場合が多いこともわかっているが、一定していない。奉納の願意と動機は、父母などの追善供養や自身の息災延命など日常的な祈願、あるいは逆修供養など、個人的で卑近な問題である場合が一般的である。吉政の場合も、ほぼ同様といえる。通常は一国に一部ずつだが、吉政のように三部など複数部の場合もあり、その場合は一国内の複数の寺社に奉納したようだ。なお、奉納すると寺社側から聖に対して納経請取状が発行され、それが依頼主のもとへ届けられることもあるという。

北条氏綱が奉納した経筒　島根県大田市・南八幡宮蔵

　十六世紀代の経筒は数多く残されているが、実は著名な武将たちも残している。たとえば、戦国大名北条氏の二代目当主・北条氏綱《うじつな》である。大永八年（一五二八）七月日付けで、氏綱が亡き妻・養珠院《ようじゅいん》に代わって納経した経筒が、島根県大田市の大田南八幡宮の鉄塔と、新潟県魚沼市の中家経塚《きょうづか》から発見されている。今川氏の家臣・岡部《おかべ》久綱《ひさつな》が奉納した天文十一年（一五四二）十一月日付けの経筒も、氏綱と同じく大田南八幡宮と岐阜県下呂市萩原町で発見されている。もちろん、氏綱や久綱自身が廻国したわけではなく、請け負った廻国聖に全国を回ってもらったのだが、久綱の経筒は阿波の雲遍寺《うんぺんじ》の僧侶によって奉納されたものであることが判明している。六十六部の活動が、大名家当主や家臣によって実際に行われていたことがわかり、極めて興味深い。

　こうした方式での活動は、十七世紀初頭を境に廃れていき、墨書で法華経を記した石を集めて築く一石《いっせき》経塚が築かれたり、経典の奉納に代わって納札が増えたり、廻国供養塔などの石造物が建てられたりするようになっていった。ただ、近世の史料は十八世紀以降が主で、十七世紀の六十六部の実態については史料が少なく、不明瞭な部分が多いという。実際、経筒の銘文を集成した関秀夫『経塚遺文』などを見ても、十七世紀前半の銘文はほぼ皆無である。

以上のような六十六部に関する先行研究をふまえると、吉政が奉納した法華経も、小型の経筒に納められていた可能性が高いのではないだろうか。それを実際に奉納したのは吉政自身というよりも、やはり廻国聖と考えられる。おそらく、「吉政覚書」が記された寛永五年（一六二八）、あるいはその数年前くらいに廻国聖に託し、奉納したのではないか。十七世紀の初頭、ちょうど六十六部研究の手薄な時期にあたるが、いまだ中世的な方式での活動が残っていたのだろう。

また、諸国の寺社の経蔵《きょうぞう》・宝殿《ほうでん》に納めたとあることから、経塚ではないことも確かである。先述した大田南八幡宮の鉄塔のような施設が各寺社にあり、そこに奉納したことになる。そうであるならば、日本全国のどこかの寺社に、吉政が奉納した経筒や法華経が残っていてもおかしくない。そこで筆者はいろいろ調べたのだが、残念ながら今現在発見することができていない。

さらに、吉政は地元の里見郷に六十七基もの経塚を築いたと述べている。六十六部は、全国に奉納を終えた後、その記念に経塚を築く場合があるようだ。その場として、郷里である里見郷が選ばれたのは当然といえば当然であろう。同様の事例として、武田氏家臣で津川衆の一員、土豪と考えられる中村右近丞が挙げられる。彼は、自分の屋敷近くに逆修供養のための経塚を築いている。吉政の場合も、里見郷にあった昔の屋敷の周囲に築いた可能性が高い。

もう一つの問題は、これらの経塚をいつ、誰が築いたのかである。吉政が寛永五年以前に里見郷を訪れた、あるいは戻っていたとすれば自ら築いた可能性があるし、もちろんこれも廻国聖に委託した

里見郷の光明寺　群馬県高崎市

可能性も高い。もし、郷里に戻って築いたのだとしたら、安中に下っていたときの可能性もあろうか。

それはさておき、六十七基も築いたのだから、現在も里見郷に残されていて然るべきなのだが、残念ながらこれもいまだ発見することができていない。開発で失われてしまったのか、あるいはまだどこかに人知れず眠っているのか。地元にもこれといった情報はないようである。里見郷周辺は、寛保二年（一七四二）の烏《からす》川《がわ》大水害をはじめ、繰り返し洪水被害にあっているうえ、浅間山《あさまやま》の噴火による被害にもたびたび見舞われていることから、それらの影響により失われてしまったのだろうか。経筒と経塚、これらが将来一つでも発見されることを心から願いたい。

それにしても、子孫が将来にわたって経塚を保存整備することや、諸国に納めた法華経を拝見することを吉政が望んでいることは興味深い。彦根と里見は遠く離れているが、それでも「本国」としてなおつながりが存在しており、旧屋敷地周辺に対する何かしらの権利をそのまま保持していたようにみえる。そうでないと、経塚の保存整備を将来にわたって続けることはできないだろう。これに関連して、長谷川裕子氏によると、近江国甲賀出身の和田惟長《わだこれなが》や山中長俊《やまなかながとし》も、他国で奉公するようになってからも、なお甲賀と密接な関わりを維持していたという。吉政の場合も、同様のものと考えられようか。

また、諸国の寺社に赴けば、自分が奉納した法華経を拝見できるかのように記していることも面白い。おそらく、各寺社には全国から大量の経筒などが奉納されているだろうから、そこから吉政が奉納したものを見つけ出すことは困難なように思われる。だが、吉政の発言からは、そのようにはみえない。きちんと整理され、子孫や関係者が訪れたときに気軽に拝見できるような体制が寺社側でとられていたのだろうか。

序章で述べたように、吉政後の里見家は次第に中小家臣へと変化していってしまった。吉政が望んだ郷里里見郷の経塚の保存整備、あるいは子孫による諸国寺社の法華経拝見は、ほとんどされなかったものと思われる。そうこうしているうちに、里見家と里見郷のつながりは徐々に失われ、経塚の存在も諸国に納めた法華経の存在も、すっかり忘れ去られたのだろう。今となっては、すべては謎のままである。

そして「吉政覚書」は残った

「吉政覚書」は、二男武右衛門と三男弥次左衛門に宛てたものと考えられることを指摘したが、おそらく「惣領」となった武右衛門家にそのまま伝わったものと思われる。武右衛門家が断絶した後は、

「里見家文書」とともに弥次左衛門家に移り、そのまま明治維新を迎えたのではないだろうか。

その後、里見家のもとから離れ、いつの頃か屏風に仕立て上げられ、どこかの邸宅に飾られていたのだろう。そこからも離れ、縁あって館山市立博物館の所蔵となり、現在に至っている。吉政の人生と同様、「吉政覚書」も数奇な運命をたどったのである。

終章　名もなき武士が残したもの

人生は夢だらけ

世間的には名もなき武士である里見吉政だが、彼の一生を可能な限り復元してきた。読者の皆さんは、彼の人生をどのように感じたであろうか。

若い頃は、たびたび主家を替えながら数々の戦場で華々しく活躍し、その名を轟かせた。一次史料にこそ登場しないものの、当時の人々の間ではそのような名の通った武士が多数存在していた。吉政も、そうした武士の一人だったに違いない。だが一方で、時には大きな失敗も犯してしまっていた。失敗談が率直に語られることは極めて珍しい。そこには、決して「カッコいい」だけではない、生身の人間としての姿が映し出されていた。

彼の行動範囲は関東にとどまることなく、突然関東を離れて上方に赴き、豊臣軍に参加して九州の果てまで行っていた。井伊氏家臣となってからは、陸奥国の九戸まで出陣した。遠くの国を自分の目で見てみたい、自分の実力を見ず知らずの地で試してみたい、よりよい仕官先を探したい。吉政は住み慣れた郷里を捨て、まさに「修業」を重ねていた。

彦根に移ってからは、結果的に戦場で活躍する機会がなくなってしまった。そうしたなかで勃発した大坂の陣は、己の実力を発揮する絶好の機会だったはずである。しかし、吉政は井伊直継に従って安中に下ったため参加できなかった。戦場を駆け巡ってきた吉政としては、大坂で仲間たちが活躍する様を聞いて、苦々しい思いをしていたのではないだろうか。

吉政は重臣の一人として初期藩政の運営に携わっていたものの、井伊直孝から勘当されてしまうなど、自分よりもかなり若い主君と衝突することもあった。こうしたことは吉政に限ったことではないが、年を重ねてもなお、血気盛んな戦国武士としての気風を残していたのだろう。

時代は大きく変わっていった。もはや戦国の世は終わりを迎えつつあり、吉政自身も気づいたときにはかなりの年を重ねていた。三人の息子にも恵まれた。元和九年（一六二三）の越前出陣計画では、初めて息子たちとともに出陣する予定となっていた。立派に成長した息子たちを見て、吉政は何を想っていたのだろうか。

そして、最後に吉政が行ったことは、「吉政覚書」の執筆と六十六部の活動であった。自分の人生を振り返って、いらぬ苦労をした、今ではその甲斐もないと自虐的に述べつつも、自分が体験し感じたことをきちんと子供たちに伝えることこそが、親としての務めだと考えたのだろう。また、生んでくれた両親のため、いろいろやってきた自分のため、そして今後も里見家を守っていく子孫のために法華経を全国に奉納することが、里見家の主たる自分の役割だと思ったのだろう。これを読んだ金平と源四郎は、吉政の想いをどこまでくみ取り理解したのか。何を感じ、どのように自分の人生に活かしていったのだろうか。

はるか四〇〇年前に生きた一武士の人生ではあるが、その一生を追っていくと、ついつい感情移入していろいろと考えてしまうのは筆者だけであろうか。

「吉政覚書」の信憑性

だが、感慨にふけっている場合ではない。歴史学者としては、「吉政覚書」に記されていることは、いったいどこまで事実なのか、どこまで信用できる史料なのか、シビアにみなくてはならない。結局のところ、どうなのか。結論としては、信用できる部分とできない部分の両方が含まれた史料であることが明らかになったといえるが、それでも基本的には信憑性は十分ある史料と評価してよいと思っている。

まず、少なくとも登場する城や合戦については、ほかの史料でも確認できる実在するものばかりである。ありもしない城や合戦をねつ造するということまではしないということである。筆者が見た限り、ほかの「戦功覚書」も同様であるため、この点についてはほぼ信用してもよいのではないだろうか。「戦功覚書」にしか登場しない城や合戦は意外と多いが、もっと積極的に活用して検討すれば、新たな戦国史の一面を解明することにつながっていくことだろう。

一方で、そこに記されている具体的な戦功や失敗談など、ほかの史料にはまず記されていない話については確認のしようがなく、事実かどうかは不明とせざるをえない。事実としても、誇張して記していることもあるだろう。だが、たとえば九戸城攻めのときに起きた宇津木泰繁の軍令違反の話は、普通であれば確認のしようがない出来事であり、どこまで本当の話なのか疑ってしまうような内容であるが、泰繁本人が記した別の史料が奇跡的に残されていたことから、事実であると確認できた。上野国後閑橋の合戦や沼田城の明け渡し、天正壬午の乱時の状況など、これまでの研究では不明瞭だった点についても、「吉政覚書」によって大きな矛盾なく具体的に把握できるようになったことも多かった。もちろん、すべてが事実かどうかはわからないものの、少なくとも事実をきちんと記した部分があるということは間違いない。「戦功覚書」という史料は、思った以上に素直に事実を伝えていると考えてもよいのかもしれない。

このように、筆者としては高く評価したい史料ではあるが、明らかな誤りもあった。たとえば、九州出兵時の秀吉の動向である。「吉政覚書」では、三月三日に赤間関を越えて九州へ上陸したと記されているが、秀吉は三月一日に大坂から出陣しているため、明確な誤りであることがわかった。そのほかの出来事についても、明確な誤りとまでは断定できないが、小山での合戦や新田金山城攻めの時期のように、これまで知られている政治過程のなかに必ずしもうまく位置づけられないものもあった。出来事が起きた時期については、必ずしも正確ではない可能性があるといわざるをえないのである。

この点で比較したいのが、たびたび取り上げている津田重久の「首数之覚」である。「吉政覚書」とほぼ同時期に重久本人が記した「戦功覚書」であり、登場する城や合戦については実在したものであるが、時期と年齢が明らかに誤っているのである。たとえば、冒頭には永禄八年（一五六五）の山城国住田合戦で活躍し、そのときは十六歳であったと記しているが、諸史料から検討すると、それは永禄十年の出来事であり、重久は当時十九歳だったようである。また、慶長五年（一六〇〇）の加賀国大聖寺《だいしょうじ》城攻め時には五十七歳だったと記しているが、素直に計算すると五十一歳となるはずであり、明らかに年齢が合わない。時期はまだしも、自分で記しているにもかかわらず、年齢を誤っているとはどういうことなのか。単なる勘違いなのか、高齢ゆえの過ちなのか、まったくわからないが、実際そうなっているのだから仕方がない。

このような事例がある以上、ほかの「戦功覚書」も、出来事が起きた時期や年齢については不正確な場合があることが予想される。このような誤りがあると、ほかの記述の信憑性も当然ながら疑いたくなってしまう。「戦功覚書」は、一筋縄ではいかない史料なのである。

残された「吉政覚書」の謎

信憑性の問題はさておき、「吉政覚書」は、ほかにもいろいろな問題を私たちに考えさせてくれる史料である。たとえば、人生における数ある出来事のなかで、どうしてそれが選ばれ記されたのか、という問題はやはり気になる。「吉政覚書」は、下野国小山での話から始まる。それ以前には合戦に参加していなかったのだろうか。おそらく、そんなことはないはずだ。それにもかかわらず、小山での出来事が吉政のなかで選ばれ、そこからスタートするという形になったのはなぜなのか。

小山での出来事も、「吉政覚書」に記されたこと以外にもたくさんあったと第五条で述べている。大活躍とまではいかないにしろ、それなりに活躍した場面もあったはずだし、小さな失敗ももっと犯していたのではないだろうか。それらがなぜ、「吉政覚書」の執筆時に選ばれなかったのか。そうした吉政による記憶・記録の選択が、いったいどのようにされたのか、という問題がある。

そもそも、これだけの出来事を記憶のみで記すことができるのだろうか。「吉政覚書」には感状をもらったとの記述が一切ないが、「戦功覚書」のなかには、感状の存在を記すものがあり、実際にそれが残っていることがある。その場合は、感状に記された情報をもとに、再構成して覚書としてまとめることになり、事実関係も確定できる。だが、経験したすべての合戦で感状をもらうことは、まずありえない。感状という根拠となる文書がない場合は、記憶だけを頼りにしているのか、はたまた戦功に関するメモのようなものを随時取っていて、それをもとに覚書として記したのだろうか。戦功について、証人となる武士を記していることも多いことから、お互いがお互いの戦功を記憶し、日々確認しあっていたのであろうか。

上記のような問題は、ほかの「戦功覚書」にも当てはまることだが、「吉政覚書」に固有の問題もいくつか存在する。本文でも触れたが、特段戦功を挙げたわけでもない九州出兵について、なぜこれほどの紙幅を割いて記したのか、わからない。また、関ヶ原の戦い以後、彦根に移ってからの出来事については、法華経の奉納・経塚の築造のこと以外は一切記されていない。家中騒動のこと、安中でのこと、直孝から「勘当」を受けたことなど、子孫に伝えるべきことはたくさんあったはずである。

そして、何よりも最後に記されていた経塚と法華経のゆくえである。これが一つでも発見されれば実に面白いのだが、残念ながら今現在発見できずにいる。本当に実行したのだろうか、疑いたくもなってしまう。

「吉政覚書」は、われわれに実にいろいろなことを教えてくれた。だが、同時に新たな謎が次々と生み出されてしまった。吉政の人生をめぐるナゾ解きの作業は、これからもまだまだ続いていくのである。

【主要参考文献】

足立順司「氏綱の経筒」（黒田基樹編『シリーズ・中世関東武士の研究第二一巻　北条氏綱』戎光祥出版、二〇一六年、初出一九九七年）
荒川善夫『戦国期北関東の地域権力』（岩田書院、一九九七年）
荒川善夫『戦国期東国の権力構造』（岩田書院、二〇〇二年）
安中市学習の森ふるさと学習館『井伊家と安中』（第十七回企画展図録、二〇一七年）
井伊達夫『井伊軍志―井伊直政と赤甲軍団―』（宮帯出版社、一九八九年）
井伊達夫『赤備え―武田と井伊と真田と―』（宮帯出版社、二〇一一年）
飯森康広「天正期における後閑橋合戦と名胡桃城の変容」（『群馬文化』第三三〇号、二〇一七年）
石岡久夫『生活史叢書三〇　兵法者の生活』（雄山閣、一九八一年）
市村高男「下野国小山城下町についての考察」（同『戦国期東国の都市と権力』思文閣出版、一九九四年、初出一九八五年）
市村高男『東国の戦国合戦（戦争の日本史一〇）』（吉川弘文館、二〇〇九年）
太田市教育委員会編『金山城と由良氏』（一九九六年）
大貫茂紀「天正八年における小川可遊斎の動向」（同『戦国期境目の研究　大名・領主・住人』高志書院、二〇一八年）
金子　拓『記憶の歴史学　史料に見る戦国』（講談社選書メチエ、二〇一一年）
川又俊則『ライフヒストリー研究の基礎　個人の「語り」にみる現代日本のキリスト教』（創風社、二〇〇二年）

行田市博物館『開館二五周年記念　第二六回企画展　城絵図と忍城』（二〇一二年）
桐野作人『さつま人国誌　戦国・近世編三』（南日本新聞社、二〇一七年）
黒田基樹「上野由良氏の発展と展開」（同『戦国期東国の大名と国衆』岩田書院、二〇〇一年、初出一九九六年）
黒田基樹『北条氏政』（ミネルヴァ書房、二〇一八年）
桑田忠親「御伽衆と近世古記録の成立」「覚書の分類と実例」（同『大名と御伽衆』有精堂、一九六九年。初出一九四二年）
群馬県立歴史博物館『織田信長と上野国』（第九五回企画展図録、二〇一八年）
小林多寿子・浅野智彦編『自己語りの社会学―ライフストーリー・問題経験・当事者研究』（新曜社、二〇一八年）
小宮山敏和『譜代大名の創出と幕藩体制』（吉川弘文館、二〇一五年）
澤田撫松著『變態刑罰史』（文藝資料研究会、一九二六年）
巡礼研究会編『巡礼論集二　六十六部廻国巡礼の諸相』（岩田書院、二〇〇三年）
新行紀一「戦国三河武士の「自分史」」（『歴史研究』（愛知教育大学）第四五・四六号、二〇〇〇年）
新東晃一「薩摩関白道の考古学的調査―安養寺陣跡と鳶ノ巣陣跡と関白道の調査―」（『鹿児島考古』第四六号、二〇一六年）
関　秀夫『経塚遺文』（東京堂出版、一九八五年）
関　秀夫『考古学ライブラリー三三　経塚』（ニュー・サイエンス社、一九八五年）
関　秀夫『経塚の諸相とその展開』（雄山閣、一九九〇年）
高橋典幸・山田邦明・保谷徹・一ノ瀬俊也『日本軍事史』（吉川弘文館、二〇〇六年）

高橋昌明『武士の日本史』（岩波新書、二〇一八年）
高柳光壽「近世初期に於ける史学の展開」（同『高柳光壽史学論文集（下）』吉川弘文館、一九七〇年、初出一九三九年）
滝川恒昭「上野国板鼻城主里見讃岐守について」（『館山と文化財』全報第二十九号、一九九六年）
滝川恒昭「史料紹介　江戸期の房総里見氏顕彰活動に関する新史料―越前鯖江里見家家伝文書（来翰集）の紹介―」（同『平成一九年度千葉県長期研修生研究報告書　房総中世史に関する史料の発掘と教材化の視点』二〇〇八年）
竹井英文「史料紹介　館山市立博物館所蔵「里見吉政戦功覚書」の紹介と検討」（『千葉大学人文研究』第四三号、二〇一四年）
竹井英文「「戦功覚書」と城郭研究」（齋藤慎一編『城館と中世史料　機能論の追求』高志書院、二〇一五年）
竹井英文「史料紹介　石川県立図書館所蔵「山崎家士軍功書」」（『東北学院大学東北文化研究所紀要』第四九号、二〇一七年）
武内雅人「「佐賀伊賀働書」史料解題の改訂および補遺」（『紀州経済史文化史研究所紀要』第三二号、二〇一一年）
田代　孝「近世の回国塔と回国納経」（『山梨県立考古博物館研究紀要』一三号、一九九七年）
田代　孝「廻国納経の展開―中世の六十六部聖について―」（飯田文彌編『中近世甲斐の社会と文化』岩田書院、二〇〇五年）
館山市立博物館「収蔵資料紹介　里見吉政の覚書」（館山市立博物館報『ミュージアム発見伝』六六号、二〇〇〇年）

富山市郷土博物館『特別展　戦国の強者　津田遠江守重久』（富山市郷土博物館、二〇一五年）
鳥居和郎「桜井武兵衛覚書について―内容とその成立背景の検討―」（『神奈川県立博物館研究報告―人文科学―』第三二号、二〇〇六年）
中野卓・桜井厚編『ライフヒストリーの社会学』（弘文堂、一九九五年）
長屋隆幸「「戦功書上」の成立について」（『織豊期研究』第一一号、二〇〇九年）
野口朋隆「先祖の戦功をめぐる「御家」内の動向について」（同『近世分家大名論―佐賀藩の政治構造と幕藩関係―』吉川弘文館、二〇一一年）
野田浩子『中世武士選書三九　井伊直政』（戎光祥出版、二〇一七年）
長谷川裕子「惣国一揆の平和維持と軍事行動」（藤木久志編『京郊圏の中世社会』高志書院、二〇一一年）
畑　大介「戦国期における六十六部廻国納経の展開」（小野正敏・萩原三雄編『戦国時代の考古学』高志書院、二〇〇三年）
早川駿治「資料紹介「御家中家並帳」」（『彦根城博物館研究紀要』第二八号、二〇一八年）
彦根城博物館『企画展　新収蔵記念　彦根藩筆頭家老・木俣清左衛門家資料』（二〇一三年）
彦根城博物館編『彦根藩史料叢書　侍中由緒帳』第一巻（一九九四年）〜第一五巻（二〇一五年）
平山　優『敗者の日本史九　長篠合戦と武田勝頼』（吉川弘文館、二〇一四年）
平山　優『検証　長篠合戦』（吉川弘文館、二〇一四年）
平山　優『増補改訂版　天正壬午の乱　本能寺の変と東国戦国史』（戎光祥出版、二〇一五年）
福岡県教育委員会『福岡県の中近世城館跡Ⅲ―豊前地域編―』（福岡県教育委員会、二〇一六年）

藤井達也　「水戸藩家老の家に伝わった中世文書―「水戸鈴木家文書」の紹介―」（『常総中世史研究』第三号、二〇一五年）
藤木久志　『新版　雑兵たちの戦場』（朝日選書、二〇〇五年）
藤田達生　「渡り歩く武士」（同『日本近世国家成立史の研究』校倉書房、二〇〇一年、初出二〇〇〇年）
細川涼一編　『生・成長・老い・死（生活と文化の歴史学七）』（竹林舎、二〇一六年）
松原典明　『近世宗教考古学の研究』（雄山閣、二〇〇九年）
水野伍貴　「関ヶ原の役と井伊直政」（『研究論集　歴史と文化』第二号、二〇一七年）
三宅敏之　『経塚論攷』（雄山閣出版、一九八三年）
三宅正浩　「近世前期蜂須賀家と親類大名井伊直孝―幕藩関係における役割を中心に―」（同『近世大名家の政治秩序』校倉書房、二〇一四年、初出二〇〇六年）
吉本明弘　「豊臣秀吉・関白軍の川内侵攻」（『千台』第四〇記念号、二〇一二年）
渡邊大門　『牢人たちの戦国時代』（平凡社新書、二〇一四年）

【自治体史】
『二戸市史』　第一巻　先史・古代・中世（二〇〇〇年）
『榛名町誌』　資料編二　中世（二〇〇五年）
『榛名町誌』　通史編上巻　原始古代・中世（二〇一一年）
『安中市史』　第二巻　通史編（二〇〇三年）

『安中市史』第四巻　原始古代中世資料編（二〇〇一年）
『安中市史』第五巻　近世資料編（二〇〇二年）
『新修彦根市史』第二巻　通史編近世（二〇〇八年）
『新修彦根市史』第六巻　史料編近世一（二〇〇二年）
『行田市史』資料編　古代中世（二〇一二年）

※『貞享異譜』などの彦根藩関係史料の多くは、群馬県立文書館にて閲覧した。

あとがき

前著『戦国の城の一生』（吉川弘文館、二〇一八年）は、築城から廃城・古城に至るまでの「城の一生」に迫ったものであったが、それに続く一般書である本書は、期せずして里見吉政という名もなき武士の一生に迫ったものとなった。さて、次は何の「一生」にしようかしら、などと考えているわけではないが、なぜか最近は「一生」にこだわって研究してきたことになる。なぜそうなったのか、自分でもよくわからないが、いつの間にか三十代後半になり、両親も歳を取り、子供が成長するにつれて、自分や家族の人生を無意識のうちに考えるようになったことが影響しているのかもしれない。

里見吉政と出会ったきっかけは、これまでの拙著にもたびたび登場する、滝川恒昭氏の一言であった。文献史料を使って戦国期東国の個別城郭の研究を進めていた私は、これまであまり積極的に利用されてこなかった、「戦功覚書」という史料の魅力に取り憑かれはじめていた。二〇一一年の二月だっただろうか、そんな話を千葉城郭研究会のときにしたところ、滝川氏から「千葉にも戦功覚書がある。誰もやっていないから紹介して」と教えていただいた。それが、「吉政覚書」であった。

翌年の二〇一二年四月十五日、館山市立博物館にて、「吉政覚書」を千葉歴史学会中世史部会の皆さんとともに見学することができた。写真撮影をしつつ、その場で手分けして時間の許す限り翻刻を進め、黒田基樹氏などからそれぞれの釈文を頂いた後、帰宅して写真とにらめっこしながら、何とか全体の翻刻を終えることができた。こうして、ひとまず翻刻が完成したので、内容の読解に取りかかり、彦根城博物館から写真のコピーをご提供いただいた「里見家文書」ほか吉政関係史料（本書付録【史料1〜6】）とともに、二〇一三年二月二十三日、千葉歴史学会中世史部会例会で報告した。その後、同年十月に出身ゼミである一橋大学の池享ゼミでも報告した。いずれも、貴重な御意見をいただいた。さらに、岡田晃司氏や藤方博之氏からも、翻刻に関してご意見をいただいた。

これらをもとに、原稿執筆を進め、『千葉大学人文研究』第四三号（二〇一四年）にて、ようやく史料紹介をすることができたのである（本書において、誤植を訂正した）。

この史料紹介をした時点で、将来的に吉政の一代記を書ければいいなと思っていた。ちょうどその頃、別件でお話していた戎光祥出版株式会社代表取締役の伊藤光祥氏と同社の現編集長の丸山裕之氏から、「何か書いてみないか」とお誘いをいただいた。おそらく、城郭関係の本をご希望だったのだと思うが、『戦国の城の一生』で手一杯だった私は、「吉政覚書」をもとにしたものを書いてみたいと申し出た。幸いにも受け入れて下さり、その後、少しずつ執筆を続けたものの、内容が難しいうえに、仙台への移住や子供の誕生もあり、思うように進めることができなかった。

そのようななか、二〇一六年から担当することになった大学院の授業を利用して、改めて「吉政覚書」と格闘したことは大きかった。二年間にわたって、当時院生だった佐藤耕太郎・佐藤匠・佐藤由浩・鈴木春菜・真柄侑の各氏とともに読み進め、私自身もレジュメを作成して発表した。吉政のことを「里見のおじいちゃん」と呼びながら、ざっくばらんにあれこれ考えて、とても楽しい時間を過ごした。

吉政の故郷である里見郷とも、繋がりができた。地元で熱心に活動されている「地域おこし里見郷委員会」の存在を知り、拙稿を謹呈したところ、幸いにも興味をもって下さった。その後、同会事務局長の中嶋講二氏と連絡を取り合い、機関誌への寄稿をさせていただいた。本書の原稿提出直前には、中嶋氏に里見郷周辺をくまなく案内していただき、その世界を肌身で感じることができた。

このように、本書は多くの方々のご協力によって生まれたものであり、改めて感謝申し上げたい。それでも、刊行までかなりの時間がかかってしまったことについては、忸怩たる思いである。筆者の怠惰も当然あるが、特に子育てと研究の両立は想像以上に厳しく、今でも思い悩むことしばしばである。それでも、家族のサポートや子供の笑顔で何とか乗り切ることができた。いつもお世話になっている保育園の先生方にも感謝である。

もちろん、参考文献一覧に挙げた多くの先行研究の学恩にも感謝である。一般書という性質上、主要な参考文献を挙げるにとどめていること、必ずしも研究者名や出典を逐一明示していないことについては、ご理解・ご海容いただければ幸いである。なお、院生の奈良輪俊幸氏と学部生の西村太一氏には、文章校正を手伝っていただいた。もちろん、最終的な責任は筆者にあるが、記して感謝したい。

最後に、本書を少しでも多くの方々にご覧いただき、残された最大の謎である、吉政が奉納した法華経、吉政が築いた経塚についての手がかりが得られることを心から願っている。

二〇一九年九月

竹井英文

付録　里見吉政関係史料

付録1　里見吉政戦功覚書（「里見内蔵丞吉政由緒書」。館山市立博物館所蔵。①〜㉕は筆者が便宜上付したものである。」は原文での改行部分を表す）

（後筆）
里見家伝説古文書
　古来公家江伝わる
寛永五年二月（マヽ）五日
里見吉政筆

里見金平
里見源四郎　宛

---

①一、我が身を我と申立候事如何に候」得共、第一ハ子孫のため、第二には我等若」き時分、諸国修業いたし候、其甲斐」も無之事、無面目と申なから、有」増しるし（記し）置申事、

②一、昔の事申立候ニ及不申候得共、元を」不申立候得者、理聞へ不申間、如此候、」北条陸奥守小田原よりいくわう（幾応）と」乍申、陸奥切取被申候城数の分、下」総の内古賀（河）・栗橋二ヶ所ニ而候、其よ

り」下野の内小山・ゑのもと《榎本》二ヶ所、中にも」小山の城敵ノ手崎近候事、

③一、寛永五年より五拾弐年以前五月」五日に、治倫《結城晴朝》両国の人数かたらひ《語らい》候て、」小山・ゑのもとへはたらかれ候而、其引足」に小山領分頓而城近所に木沢《喜》と申」在所御座候、引足の人数太田三楽《道誉》・同」梶原《政景》父子の人数立置候而、其内より」郷人にまきれ《紛れ》候て、せつ所《切所》向へとり越せ、」父子の人数立置候、人数引かけ打可申」手立にて候、此方ニ而も色々さんたん申候へ共、」手立ハ尤候得共、各指物を置候而、敵味方」はれかましき儀ニ候間、手柄次第に」馬上より突おとし候て、如何にもした」るく無之はしたなくいたし候儀、能」よく申合候処ニ、人馬をゑらひ拾三騎」乗込申候、其内拙者儀者参候内ニ而無之」候へ共、一言武者大将より拾弐騎之衆ニ」被申候儀、御座候を、むたい《無体》に使ニ参候、よく」あしく、其内ニ而名名字申間敷由ニ候」壱人馬上ニ而つきおとし《突き落とし》、申合を違候て」下立候而、くひ《首》を取ハ捕候へとも、馬に乗せ」不申、鑓先数々にてつきふせられ《突き伏せられ》、弥以」敵きほひ《気負い》申所ニ死人之事ハ不及申、馬」までおりかさなり《折り重なり》候て、とり申候、不及是」非我等馬を入、馬と死人の間かけわけ」申候内に、おみ左右衛門と申人、手負申候、数々」の敵手負と我等ニしきりにくいつき《頻りに食いつき》申候、」我等共手柄を以てあまり無了簡候」間、其上ニ而茂、我等馬を入返し、其内に」手負をも上せ申候、我等も存命候、」是ハ子孫之者ニ申伝候、かりそめ《仮初》ニも申」合を違申候ハぬ物にて候、我か身を」壱人立可申候所存ニ而、命をうしなひ《失い》」申候、我等事敵味方ニ而手柄いた《致し》」し候と其時分批判のよし《由》承候、此」奥ニ誓句在之事ニ候間、一言も偽」申間敷候、我等廿六

之事ニ而候」事、

④一、寛永五年より五拾壱年以前之事」にて候、此時も後の七月十七日ニ結城治」倫常《（晴朝）》陸・下野両国」の人数をかたら」ひ候て、小山・ゑの本領分へはたらき候て、其」引足に小山おさへ《（押さえ）》のためにとたう《（土塔）》塚と」て大きなる塚候、其塚へ人数をおさ」へられへきため過分ニ人数被置候所」へ、小山衆とたう《（土塔）》塚のおさへの人数へ堤を」越候而、むたひ《（無体）》にかゝり申候、其時我等事」小山人数の内よりぬきんて《（抽んで）》おさへの人」数へ懸り申候、水谷伊勢内衆にて長野」伊与と申仁もぬきんて《（抽んで）》我等と鑓を」合申候、忝も心はせとハ乍申随分手」柄をもいたし候内ニ、おさへ《（押さえ）》の人数ハ大」勢ニ而、小山人数ハ小勢にて候哉、南の手」崎より崩候而、我等ハ北の手崎にて候」間、そくはく《（若干）》の手柄にて堤の内迄敵」を引かけのき申候、壱人ならすの手柄」にて無之候得共、何茂同前ニ堤の内ニ而」返し候而、両国ニ而隠もなき覚の人ニ而候」あつ木左京亮と申仁馬より突て落し、」則父子共ニ討捕申候、小山方ニ而手負」三人御座候、其内ニ岸源十郎と申者」手負申候、其外石原主膳・我等共に」三人手負御座候、敵にてハ歴々の衆」弐人討死申候、此父子の頸小山へもらひ《（貰い）》」に参候、其使者ニ結城より申越候ハ、昨日」とたう《（土塔）》塚にての敵味方手柄之内ニ白」しなひ《（撓い）》しろおんへい《（白御幣）》御指候方名名字」を能々聞候而参候得と被申由、敵地より」申越候、就其壱人ハ武蔵忍の牢人に」手島左馬介と申人ニ而候、しろおんへい《（白御幣）》」ハ西上野牢人ニ北小次郎と申人にて候」由、小山より書付越申候由候、何事も昔」事不入義ニ候へ共、如此候、一言成共偽り」有之間敷候、此奥ニ而しれ可申候、某廿」七歳

の稔《年》にて候事、

⑤一、是ハ武辺道之事ニ無之候得共、小山ニ」逗留申候内之儀ニ候間、書立置申候、たとへハ《例えば》」大田十左衛門与申者、陸奥守より狩野」主膳ニ預ケ被置候処ニ、両度迄右之」十左衛門法度を背候間、不召捕候ハてハ」不叶者之儀候間、狩野源十郎・石原」主膳両人我等へ談合被申候ハ、余儀」事にても無御座候、十左衛門ハ年比と」申其身柄と申我等事若年ニ候間、」たのもしく《頼もしく》存、別而等閑不申候、此筋目」を以テ我等へ被申候間、不遁能々請相」候て安々候と召捕申候、様子者第一ハ理くツ《屈》」第二には迚も申分成間敷候ハヽ、自是」走候へとまかせかけ申候間、能々同心候を」無異議召捕申候、ケ様之儀者、人毎真《カ》」しからす可被思召候へ共、其者日数延」候て、歴々番衆有なから小手高手ニ重」なわ《縄》またたらし《垂らし》候てくひ《首》ねをも引」のし筒持に打付我等ねや《寝屋》へかけこみ《駆け込み》」申候処ニ、我等はたか《裸》にておき《起き》あひくみ《相組み》」申候得共、すけ《助け》取無之候間、くミ《組み》なからす」けとりくとよはゝり《呼ばわり》候へ共、兼而彼もの」手なみ《並》を存候間、すけ取無御座候処ニ、」石原主膳折節狩野源十郎ニとまり合」程近候と申なからかけこみ被参候而す」けとりにて候、此仕形後ニ陸奥守聞被」申候而、戦場のかせき《稼ぎ》ハ覚悟の前ニ候か、存」まうけさるねや《寝屋》へとひ《飛び》入申候剛の者を」はたかにてくミとめ《組み止め》候事七度之鑓にハ」ましたる《増し》よし《由》ほうひ《褒美》ニ預り申候、是も」我等廿七歳之時にて候事、」小山之事、方々より敵数多候間、口夜」共ニかけ合しけく《繁く》候、只今の世上ニ候ハヽ、」場所にも成可申候儀共、細々御座候へ共、」数々之儀ニ候間、不及其儀候、扨々不入苦身」いたし候、只今何之便ニも成不申候、あまり」残念候之

間、書置申候、若き者きめいに」たいし《対し》奉公之道嗜可申事、

⑥一、下野小山之城へ切々番手に参候時」分、かりそめなから尾張浪人ニ荻谷」と申仁指物ニ宝珠の玉を金ニ候て出しニ」仕しろおん《白御幣》へいにて候、是ハ久々のさし」物ニ候、大家中の事ニ候得者、小山ニ而我」等さし物さかはやし《酒林》を金ニ候て出しに」仕しろおんへいにて候、其時荻谷色々」さし物之事理申候へ共、我等同心不」申候、久々の出入にて候、其内ニかぬまと申」所へ陸奥守より加勢に鉄炮の者百廿」人付候而右の荻谷物頭ニ而参候時分、案」内の衆二人候て六具を堅め参候而申」様此上はかを折《我を折る》候由申候ていとまこい《暇乞い》」にさし物を申請度由候て、樽肴持参候」而色々懇望候間、不及是非気味能」さし物を出申候、其より我等しろおん」へい相止申候事、

⑦一、北条陸奥守手前引切候而より」八方《鉢形》北条安房守《氏邦》上野之内　泥《沼。以下同じ》　田を」相抱被申候、泥田之内ニ小川かゆうさい《可遊斎》」と申もの八方へむほん《謀反》をいたし、真田」阿波守《昌幸》ニ付候而武田勝頼へ身上引」替申候ニ付而、八方安房守泥田仕置之」ため泥田へ被参逗留被申候内、真田」阿波守西上野之人数信州さく《佐久》」ちいさかた《小県》の人数を以テ泥田へ四月八日」に被打出、則後閑と申所ニとね《利根》川ニ大なる」橋御座候、北条安房守より橋向におひ《夥しく》」たゝしくしほりを二重立られ候所を、」真田自身のり《乗り》懸られ候て入替〳〵」橋向をせめ《攻め》られ候て終にしほりを一重」真田へ取被申候、残而一重御座候、然共橋」の此方に歴々衆物頭有なから一さゝ《支え》」へもなくとら《取られ》れ候事、余見苦候間、」若き時分と申見兼候而黒澤帯刀・」富永勘解由左衛門・我等共ニ三人鑓三本」にてついて懸り候て、しほり取返シ申候、」

三人の内に其場可然所ニ而我等ハ手」負申候、某廿九歳之年にて候、随分」かせき《稼ぎ》申候、敵と申も敵により申候」かたのごとく《形の如く》はたらき《働き》申候へハこそ取」返シ申候、橋を越候時者めし《召し》出しのごとく」矢にも鉄炮にも当り、あるひハ《或いは》手負討」死仕候、我等共に三人之者ハ不思儀ニ」敵味方はれの前にて手前仕のけ《退け》」申候、ヶ様の巻物ハ末代迄之事ニ而候、」尤後閑の橋北条安房守方より二重」しほりいたされ其橋爪を此方より」持申候処ニ四月八日に真田安房乗懸」入替くせめられ候へとも黒澤帯刀・」富永勘解由左衛門・我等三人にてほね《骨》」を折候て其持口存分に持堅、我等」手負申候、是に数々物語候、此味方」之橋爪に歴々衆三百斗候へ共、此」橋へ参候衆何茂死申候か、第二にハ手」負申候如何様すなを成儀無御座候、」余り見苦候間、我等棟梁にて御座候間、」此儀一言も偽りにて無御座候、日本国々《之ヵ》」神も御照覧候へ、七代めうり《冥利》つきは《尽き果て》」て可申候偽にて無御座候事、

⑧一、其より八方《鉢形》を引切候而国本へ参候而」引籠居申候内、午の年信長公甲」州迄御下向候而、勝頼御ついほう被成」候ニ付而、勝頼内大名小名共に思々に国」本へ引籠申候、其内ニ小幡上総守《信定》ら」午の三月十日時分安中領分へ人数を」被出候而、放火を上ケ、郷原の在所へ小幡衆」乗入候処、我等さし《指》物を指候て、松井」田之近辺なやま《名山》と中在所の山へ乗」上ケ、歩馬共ニ俄に人数をあつめ《集め》候て、我等」郷原へ乗込、先一番に我等馬上にて敵を」つきふせ《突き伏せ》、若き者に頸とらせ《取らせ》申候、其より」はや十六取申候、其後近辺乗廻し」かせき《稼ぎ》申候て、上ケ口之時分ハ五十余討」捕申候、此儀者岡本半介殿御親父喜」庵定而半介殿へも可有御物語候か、申」にくき儀ニ候へ共、敵味方おとこ《男》役之儀」に

て候間、わりなく《（理無く）》書付申候、此旨半」助殿へも以次手尋ね可被申候哉、於此」一巻者我等一人の分別棟梁取ニ而俄ニ」人数をあつめ候而、右之仕形、其比我等」年三十一歳時にて候事、

⑨一、是ハ上野の内泥田にての事、其時」分ニ前橋より瀧川儀大夫《（益氏）》所へ加勢ニ」参候、藤田能登《（信吉）》と瀧川儀大夫と申」分之事、我等儀大夫と能登との間之」使をいたし候、能登ハ瀧川殿《（一益）》上方へ御」上りニ候間、我等へ泥田之城渡し返し」可被下之由申候、儀大夫申分ハ何れへ成」共前橋より瀧川指図次第ニ城渡シ可申」候由、幾よりも被申張候て渡し不申候、」就其儀大夫も我等ニ使を仕らせ被申候、」能登も我等をこのミ《（好み）》候て才学いたさせ」候へ共、瀧川方より沼田の城真田阿波」守ニ出し被申候之間、六月十三日に西」上野并さくちいさかた《（佐久・小県）》の人数加勢と」して、真田阿波守泥田之城請取に」被参候、其刻使をいたし候、其験に」候之間、藤田能登所へ参候而、能登同家」中之者共ニむりに《（無理）》そなへ《（備え）》を出させ」此上は迚も城の望も無之候間、のき」被申候而可然之由、しきりに《（頻りに）》我等申候而、」そなへを出させ、其よりしてのかせ《（退かせ）》申候、」其場より乗返し参候処に、加勢」之衆我等を討捕可申由候而、歩馬共に」無際限乗向申候間、こへ《（肥）》田の中を乗」渡し石塚へ乗上ケ候て我等事里見」右衛門尉と申者にて頃儀大夫と藤田」能登と出入ニ付而、我等致使候、侍ハ相」互之儀ニ候間、むりにのけさせ《（退けさせ）》申候」むたひ《（無体）》に何角被申候而、一鑓一刀ハ其」分にて候、其上ハ此内にて物主分之」方と果し可申とおひたゝしく《（夥しく）》のゝ」しり《（罵り）》申に付而、聞分候而其場所を済シ」申候、物頭長根縫殿介と申仁ニ候、右之」出入ニ付而、人を討不申候間、手前様子」申晴候而より乗返し申候処へ、敵味」

方のわけ立不申候内へ乗懸被申候而、」よき者と出相随分ほね《骨》を折候て、」敵も我等もいちあし《逸足》に馬を出し、其上」馬を乗捨谷へ敵とひ《飛び》申候、我等も敵」もろ共にかけ《崖》へとひこみ《飛び込み》、其下ニ而終に」其もの打捕候而より本城へ参候処ニ、」儀大夫一段満足被申候、此比のほね《骨》折」さへ候に今日之仕合無心元候之処、」結構なる高名不及是非之由、ほうひ《褒美》」の言葉にて候、今の様ニ存候事、

⑩一、午六月十九日ニ瀧川と小田原衆と武」蔵さい田か原にての合戦ニ朝合戦者」瀧川殿存分ニ勝にて候、其先衆人」数を上ケ引取候事遅々に付而、瀧川」殿我等を使ニ越被申候、重而物見にも」又参候、瀧川合戦之事、能々我等存候」両度共ニ使と物見ニ付而物語候、此二番」合戦之懸口之事、役に立不申候へ共、」瀧川方へ随分能奉公をいたし候事、」只今も存知の方も可有御座候、殊」懸り口に我等をつきはつし《突き外し？追っ付け外し？》馬に手」負せ申候、最前はほんの合戦のことく《如く》」一往馬より下申候得共、重而のり」申候事、

⑪一、瀧川上方へのほり《上り》被申候跡ニ而小田原衆」人数信州へ打出し、其より川中嶋」迄人数遣にて候、真田隠岐守《昌春》山中」巻島《牧之島》と申城に乗込居申候処ニ、景」勝川中嶋へ打出候、其上大御所様《徳川家康》」上のすわ《諏訪》迄御馬出申候由、追々小田原」氏直迄申来候間、山中之城より真」田隠岐守引取可申ため夜そなへ《備え》出」申候、夜崩の事、信濃侍十三頭之」中ニも先手真田阿波守二番内藤」大和三番小幡四番安中五番和田」此衆を初として十三頭八幡原に」そなへを立候、其夜崩申候、我等あまり」年寄にても無御座候へ共、万事ニ不構」安中方よりの使に小幡の手へ参、」以来のためと存、其より乗返し」安

中方を尋候而小幡の手へ見舞」被申候様ニ才学いたし、其より内藤」大和殿へも安中方同道申候処ニ、さり」とては内藤殿御申候ハ、奇特なるよし《由》」安中殿へほうひ《褒美》の言葉にて候、其上」はた《旗》本へ結構ニ被申上候ニ付而、安中方」へ御はをり《羽織》御腰物大小被遣候、内藤」大和殿へ御鷹是も御腰物大小被為」進之候、我等事、此一陣安中ニ被頼候」故、罷立候、其時分我等者里見右衛門と」申候、安中方被申候者、兎角右衛門心」はせ依而御ほうひ《褒美》ニ預り候之由、別而」喜悦被仕候、虎口の儀者かりそめ《仮初》ニ」も大事之物ニ候、子共迄可相」心得候事、

⑫一、未《天正十一年》の霜月廿八日新田の本丸とんてい《呑嶺》」と申所、其屋敷新田三蔵院、同其」向屋敷小金井越前と申仁の屋敷」にて敵付候而、頓而此方味方崩候て、辻」屋敷と申迄六七町程敵きおひ《気負い》候」而くい《食い》付申候、其にて江戸の遠山同心ニ」世上人々存知候おほへのもの《覚えの者》ニ中條」出羽守討死仕候、其場へおりあひ候て」ほね《骨》折申候、敵方へくひ《首》とらせ《取らせ》ましき」と存しかい《死骸》を引申候、敵も引申候、」引相候而終には此方へ引勝候てくひ」をとらせす候て本意をとけ《遂げ》申候、如」形有程のほねおり《骨折り》申候、某若き時」分之事、其已後ハ上方へ罷上候間、」関東之儀一切ニ不存候事、

⑬一、薩摩御陣最前太閤様筑紫へ」御下向之刻、嶋津御せいひつ《静謐》可被成」に付而、其時之豊後口御先衆之事、

⑭一、中国四国衆大和大納言殿《羽柴秀長》大将にて」御陣被成御押候、中にも大納言殿御」先衆之事、大友・黒田関兵衛・蜂須賀」阿波守・尾藤甚右衛門・宮部せしやう《善祥》坊」右之五人先手にて候、あき《安芸》の

てるもと《輝元》・」備前うき田《宇喜》・四国衆、大和大納言殿御」陣同前之所にて候事、

⑮一、四月十七日之夜日向之内たかしやうと《高城》」申城へ薩摩衆三万ニ而右之先衆の」人数へ夜かけいたし《懸け致し》候、其時宮部」せしやう《善祥》坊無比類はたらき《働き》にて四百八」拾三討捕被申候、就其太閤様肥後」薩摩境迄御押候之処、夜かけの様子」被申上候、其時高野山木食と細川」祐斎両人薩摩へ被為遣あつかひ《曖》に」被成候而より九州御静謐ニ罷成候、我等」ハ豊後口日向口之事、参口違申候間、」不存候へ共、様子ハ此分にて候由申候、其」口を書置キ申候事、

⑯一、太閤様あかまか《赤間》関を三月三日ニ御渡、」其より豊前へ御あかり《上がり》候て同豊前」筑前御人数御押候て同筑前之内ニ」かんしやく《岩石》と申山城御座候、其近辺」御人数御押候て大形御陣とられ《取られ》候中ニ、」太閤様被成御尋之様子ハ、自是敵之」城へ何程近き由被成御尋候処ニ、秋月」と申もの脇城ニ而かんしやく《岩石》と申城御」座候由申上候得ハ、是迄御下向被成候」事城にて不存事ハ有間敷候処ニ、」慮外者之由御意候而、御自身其近」辺迄御出御はたもと《旗本》御人数御先へ」押申候、人数を御留候而御意之通は、」向の二方をあけ《開け》候て城之者のけさせ《退け》」可申候、御前より見へ申候通蒲生飛騨《氏郷》」人数へはやく《速く》着候而持出候小丸二ツ取」申候、其内ニ御前より貝を御ふかせ《吹かせ》時の」声を細々御あけ《上げ》させ候間、二方より」取懸り乗取申候、其内ニ城の者落」候而人はうたれ《討たれ》不申候、其時蒲生源左」衛門御目の前ニ而ほね《骨》折申候間、其かんも」なき御ほうひ《褒美》ニ候、能々見聞申候、其」より筑前を御納候而筑後へ御馬」寄候而筑後より肥後へ御人数寄」候而、方々日数御取有増被仰付、其」より薩摩の内にて

いしういんと《（伊集院）》」申所へ御馬をよせられ、嶋津居城迄」三里御座候、其より大すみ《（隅）》の国へ」御押大すみ相済申候間、其より山中」道違候而又肥後之国へ被成御帰陣」候而肥後之国仕置急度被仰付」候而より筑後筑前へ被成御帰陣」肥前方々御仕置御普請以下思召」ままに被仰付、六月未あかま《（赤間）》か関を」御越候而長門之内に久々御逗留参候」而、四国中国御仕置有程被仰付、其」より上方へ被成御帰陣候、豊後口御」先衆右ニ書置申候通ニ御座候、太閤様」被成御通候国数之分ハ右之通ニ而」御座候事、

⑰一、小田原御陣弾正殿《（浅野長吉）》衆にて立申候、是は」武蔵忍にての儀にて候事、

⑱一、真田阿波守武蔵忍之城さら《（皿）》尾口の」請取ニ候、有時阿波守弾正殿へ被参候而、」内談之趣ハ、我等請取口をも城中ニ」而存候間、二三町さし出し候而、丸二ツ三ツ」明日渡り何とそあてかひ《（宛行い）》可申と被申候」得共、弾正殿尤可然と被申、左様ニ候者」我等人数をも出し可申候哉と弾正殿」被仰候へ者、御無用ニ被成候へと阿波守」被申候而、被罷帰候へ共、払暁よりより《（ママ）》」弾正殿人数を被出候而、其より阿波守」方へ細々使を被立候へ共、中々遅候而」敵方ニ存候間、弾正殿衆迄にてさら《（皿）》尾」口乗取候、二三の丸にかまハす《（構わず）》、本城之堤」之内二所におひたゝしき《（夥しき）》しほり候、其」を一しほりやふり《（破り）》候て、二しほり破候」所へ、弾正殿より重々の使立申候間、あけ」引返し申候所へ、阿波守のほり《（幟）》参候、殊之外」阿波守手持あしく《（悪しく）》候、乗取申候さら《（皿）》尾口」丸々に不構本城の堤へ参候衆、浅野」右近・佐藤才三郎《（才二郎方政）》・すかの平兵衛・上村豊後」左衛門と此時も我等にて候事、

⑲一、弾正殿忍の城請取口桜ヶ馬場より」行田口にて候、後七月五日之朝に行田」口やふり《破り》候得共、弾正殿人数多勢にて」堤へ乗上候事不叶、我等壱騎のり」わけ候て、堤の南の方より五六町も」泥ふけ田乗渡し候て、篠垣の候所ニ而」下立候て、水堀を二重越し其奥ニ」節家橋にてはし《橋》を引申候間、事之」外弓鉄炮にてうたれ《打たれ》申候間、歴々之衆」数多討死いたし候、城中きおひ候て、」引足をしたひ《慕い》候而、弥以余多被討申候、」我等・石本善介・浅野次郎左衛門・広瀬与八」郎、此四人にて一方の跡をいたし申候、」是ハ町の左の方右の方ハ浅野右近」其内之者五三人それより跡に岡野」弥右衛門・小嶋太介、其外一両人一方ハ我」等共に四人其内にて様々かせき《稼ぎ》」上ケ申候事、

⑳一、先年卯之年九のへ《戸》御陣之事、」古兵部様《井伊直政》御供申罷立候、いつもなから」九のへの城へ何茂諸大名取寄被来候」内に、当御家中取寄いつれよりも」はやく《早く》御座候、一夜之内ニ一度にほり《堀際》」きわへ御取寄候、其外蒲生飛騨殿《氏郷》」両夜にも成不申候、浅野弾正殿二度ニ」御寄候、堀尾帯刀殿《吉晴》取寄三日之間ニ取」寄申候、御家中取寄はやく御座候間、」城より泰安様へ萬端之儀申来、御」あつかひ《曖》にて九のへ《戸》の城相済申候、」御手柄共可申様無之由下々迄さん」たん申候、其外書置申度儀共候得共、」か様之物ニハ人々のさんたんある物」にて候間、無其儀候事、

㉑一、同城へおり懸に寄申候時分ニ、庵原助右衛門」ほとなく《程なく》鉄炮手負被申候、日比野左近」兵部様へ被仰上候得者、人を被為遣御上」け被成候、一段ふかて《深手》にて御座候事、

㉒一、其城御取詰籠城いたし、久々相過」候而、諸大名飛騨殿へ御寄合候而、惣御」談合に成候而、

何茂城にてむほん《謀反》を」企申候衆被成御成敗候時分、宇津木」治部右衛門御法度を背、其場へ出候而」鑓先にて走廻申候を、古兵部様被成」御聞可被成御成敗由候処、千石徳斎」へ申、浅野右近殿へ預ケ被申、終ニ者」弾正殿御訴訟にて相済申候、其場」と我等ハ谷を隔候て、治部右衛門仕形見」不申者、無御座候、秋田・坂田・最上衆」能見申候事、

㉓一、先年子の年関ヶ原合戦之時分ニ、」自泰安様鈴木石見殿へ被　仰付候」様者、里見喜兵衛にも拾騎被仰付候」得共、御手前御煩ニ付而、木俣土佐と」両人と乍申石見事御気相悪候」時分ハ、切々貴殿よひ《呼び》可申候、其時者」其方跡に喜兵衛をのせ《乗せ》申候て何時」我等よひ申候共、其場を不崩候而、乗せ」可申候由被　仰付候、十人之内三人煩申候、」今七人之内我等儀者不及申、上野権」太夫・野村勘左衛門・加藤杉右衛門右七人之」内にて我等共に五人高名いたし候、此分」にて候間、跡先をはやき《早き》共おそき《遅き》共」申分無御座候、其證人鈴木石見殿ニ而」御座候、殊我等之儀者石見殿かけ《駆け》付」御覧候、是一番にて御座候、あらそひ《争ぃ》」申方御座有ましく候事、

㉔一、古兵部様御手被為負候場へもかけ」付参候而、如形首尾を合せ申候事、

㉕一、某二親之ためと身のため子孫のためと」存、日本国六拾余州ニ一国に三部宛」之御経を納置申候、則本国里見に」六拾六の経塚をつかせ、本塚共ニ六拾七」の塚をつかせ、残し置候、是ハ末代迄絶」申間敷候間、子孫の人可有後見候、諸」寺之経蔵諸社之宝殿に籠置候」事、国々に可在之候、子孫の人後代」に所望在之而拝見可被申候、加様に」菩提のためと存、大俗の身として御」経を納

候て右之條数ニ少成共偽申候者」御経のくとく（功徳）無に可罷成候、爰を以テ可」有思唯（惟）者也、

里見内蔵丞

寛永五（一六二八）戊辰年二月九日　吉政（花押）

里見金平殿

同　源四郎殿

付録2　彦根城博物館所蔵里見吉政関係史料

【史料1】井伊直継宛行状（彦根城博物館所蔵里見家文書。井伊家文書三一一二六はこの写し）

知行方之事

一、五拾石　　　　　上州

一、百石　　神埼郡　本庄村内

一、三百五拾石　犬上郡　甘呂村

合五百石

右、父直政被宛行領地分、寅年御縄之面を以抱置、弥可抽奉公也、仍如件、

慶長九年九月十一日　直継（花押）

里見喜兵衛殿

【史料2】大鳥居玄蕃他連署宛行状（彦根城博物館所蔵里見家文書。井伊家文書三一一二七はこの写し）

御知行方之事、

一、百拾八石三斗七升五合　浅井郡　中野村之内

一、百八拾壱石六斗弐升五合　坂田郡　榎木村之内

合三百石

右、為御加増被遣候、郷村百姓沈淪不致候様ニ、当物成ヨリ可有御所務候、御黒印旨、重而可被遣由、
御意ニ候、以上、

(慶長十二年)未ノ
九月廿七日　大鳥居玄蕃（花押）
柏原与兵衛（花押）
中野助大夫（花押）

里見内蔵丞殿

【史料3】井伊直継宛行状（彦根城博物館所蔵里見家文書。井伊家文書三一一二八はこの写し）

覚

一、六拾六石弐斗六升八合　愛知郡　吉田村之内
一、五拾石　同郡　よきとき村内
一、三拾八石三斗六升　同郡　えた村之内
一、弐拾七石八斗四升四合　同郡　中下村之内
一、拾七石五斗弐升八合　犬上郡　普賢寺村内
合弐百石

右、為加増宛行知行所、当秋より可令所務者也、仍如件、

慶長十六年辛亥

十月六日　　直継（花押）

里見内蔵允《（ママ）》殿

【史料4】井伊直孝書状写（彦根城博物館所蔵井伊家文書三一一二九）

尚々、御心付之段、程遠之処、別而忝次第候、かしく、

祝言為御見舞遠路御飛札、殊帷子壱重・内単物送給候、寔御懇志之段、忝令存候、委御報可申入候得共、取籠候条、重而是ゟ万々御礼可申宣候、恐々謹言、

井掃部

（慶長十六年）七月三日　直孝（花押）

里見内蔵丞殿

御報

【史料5】井伊直孝書状写（彦根城博物館所蔵井伊家文書三一一三〇）

尚々、節々以飛脚成共可申上候得共、御番之儀ニ候へハ、下々迄一日一時と他出致事、遠慮申ニ

付キ、無其儀候、御次而も候者、必々其旨御披露可給候、自然其元於何事も替儀候者、早々飛脚可給候、又申候近日五郎兵・内蔵御替之由承候、其節四郎兵衛誂物頼入候者、御六か敷候共、御届可有候、以上、

一筆申入候、仍其許無何事、兵部様（井伊直継）御息災ニ御仕合能御座被成候哉、承度存候、必々大事之儀ニ候間、御法度各之御供衆内外共ニ形儀急度被致候様ニ異見可被成候、

一、下々風説申、実儀不□そこツなる申事ニ候へとも、承候へハ、上州御知行之山林之儀、御売被成候由、取沙汰御座候、是ハ誰人之才覚ニ而御座候哉、沙汰之限なる事共候、公儀へ聞候ハヽ、兵部様御身許之さゝハりに可罷成候、実儀にて候ハヽ、急度右衛門殿ニ御申たり候事かたく無用ニ可被成候、たとへ兵部様御意ニなる共、拙子申由被仰上尤ニ存候、此儀各々へ申断候、恐々謹言、

井掃部

（慶長十九年カ）八月十八日　直孝（花押）

里見内蔵丞殿

青木五郎兵衛殿

小野八右衛門殿

参

【史料6】浅野長政書状写（彦根城博物館所蔵井伊家文書三一　一三一）

尚々、兵部殿へ以使者可申上と存候へ共、却而御煩中へ御むつかしく候ハんと存、無其儀候、御
心得候て被仰可給候、以上、

今朝愛智川にて相尋申候へハ、佐和山へ御帰之由候、昨日者爰元ニ宿申ニ付て、兵部殿（井伊直継）より被入御念
御馳走、殊兵粮・馬之飼・ぬか草并人足・伝馬等迄被仰付過分ニ存候、御心得候而被仰可給候、貴所
草津迄被相越、方々御肝要、別而満足候、木土佐殿御心得頼入候、依而小袖壱ツ・道服壱ツ遣之候、
猶来春上洛之節、万々可申述候、恐々謹言、

浅弾少

九月（慶長十四年カ）五日　長政（花押）

里見蔵丞（ママ）殿

御宿所

【著者略歴】

竹井英文（たけい・ひでふみ）

1982年、東京都生まれ。

千葉大学文学部卒。一橋大学大学院経済学研究科博士後期課程修了。博士（経済学）。

現在、東北学院大学文学部准教授。

主な業績に、『織豊政権と東国社会　惣無事令論を越えて』（吉川弘文館、2012年）、『戦国の城の一生』（吉川弘文館、2018年）、『最上義光』（編著、戎光祥出版、2017年）、「徳川家康江戸入部の歴史的背景」（『日本史研究』628号、2014年）、「城郭研究の現在」（『歴史評論』787号、2015年）、「南北朝〜戦国前期の「陣」について」（『東北学院大学論集　歴史と文化』55号、2017年）などがある。

戎光祥選書ソレイユ006

戦国武士《せんごくぶし》の履歴書《りれきしょ》――「戦功覚書《せんこうおぼえがき》」の世界《せかい》

2019年10月18日初版初刷発行

著　者　竹井英文

発行者　伊藤光祥

発行所　戎光祥出版株式会社

〒102-0083 東京都千代田区麹町1-7 相互半蔵門ビル8F

TEL：03-5275-3361（代表）　FAX：03-5275-3365

https://www.ebisukosyo.co.jp

編集協力　株式会社イズシエ・コーポレーション

印刷・製本　モリモト印刷株式会社

装　　丁　堀　立明

ISBN：978-4-86403-332-9